관혼상제 및 일반상식 총집

元祖 가정생활보감전서

全原奭 編

부록 1. 여성교양독본
2. 칭호 및 혼례
3. 상사
4. 위문(조상)
5. 제사,혼인, 궁합
6. 남녀상에대한상식
7. 가정생활에꼭알아둘비법

지식의 중심
법문 북스

머리말

夫婦(부부)는 天地(천지)와도 같다。 천지가 있은 후에 만물이 나고 부부 있은 후 五倫(오륜)이 있으니 父子君臣(부자군신)과 붕우가 부부로부터 나고 一家九族(일가구족)과 장유가 모두 부부로부터 나고、萬世子孫(만세자손)까지 모두 이로 인하여 人倫(인륜)의 으뜸되었다。

부부가 和順(화순)한 후에 집안을 편안히하고 나라를 다스린 후 天下(천하)를 평리하니 천하평리 하는 道理(도리)도 또한 부부에게 관계한 연고로 옛 성인 말씀에 군자의 도가 부부에서 비로서 다 하시고 周易(주역)에 乾坤卦(건곤괘)를 으뜸하고 詩傳(시전)에 太姒(태사) 일컬음을 알고 書傳(서전)에 娥皇女 英(아황여 영)의 시집가는 말씀 하였으니 일로 보면 나라나 사가의 성쇠흥망이 모두 婦女(부녀)에 달렸다。 中國의 文王(중국의 문왕) 같으신 성인도 淑女(숙녀)를 배우로 정하여 후비의 盛德 (성덕)이 또한 文王을 도우시니 덕화가 만물에 입히고 천하가 태평하여 지금까지 周(주)나라 덕정을 일컫고 夏(하)나라 人君 紂(인군 주)의 아내 달기는 姦慝(간특)한 행실과 혹독한 마음으로 紂(주)를 가려쳐國政(국정)을 문란케 하고 포악한 정치를 하여 목숨을 잃게 하였을 뿐더러 나라를 멸망케 하였으니 남의 夫人(부인)된 이가 어찌 책임이 없지 아니하리요

善(선)한 시김이라도 惡(악)한 일만 보고 배워서 하면 惡(악)한 사람이 되기 쉬우니 이제 女子(여자)에게 대하여 閨範內則(규범내칙)에 적당한 말씀을 대강 기록하여 책 명을 인생보감이라 칭하였으나 특히 여성들을 위하여 女性敎養讀本(여성교양독본)이라 하였으니、그 내용인즉 無非嘉言善行(무비가언선행)의 목적으로 이 책을 보고 읽고 이대로 행하면 婦德(부덕)이 적당하고 淑女哲婦(숙녀철부)가 되어 남의 門戶(문호)를 창대하

여 주고 나의 이름이 천추에 流芳(류방)할 것이니 이 책이 여성계에는 제일 유용하다 하겠음을 첨언하는 바이다。

여기 우리 家庭(가정)의 일상생활에 극히 소요되는 여러가지의 生活(생활)상의 법칙·상식 등을 교양적인 견지에서 간추려 등재 하였다。많은 참고가 되었으면 더 이상의 행이 없을 것으로 사료된다。

丁巳年 仲秋節

編者

목 차

제二편 칭호 및 혼례

제六편 혼 인

제九편 四柱法

제十편 家庭生活에 꼭 알아둘 秘法

제一편 여성교양독본

一、마음가지는 법

남녀물론하고 마음이라고 부르는 명목이 있으니 이는 형체도 없으며 소리도 냄새도 없으나 항상 배속에 근거를 두고 있으니、선악(善惡)이 무도(無度)하고 출입이 무상하여 일신의 으뜸이요、백체의 주장이 되여 자선(慈善)도 마음으로부터 나오고 악의(惡意)도 마음으로부터 나오며、인간백천만사(人間百千萬事)의 길흉화복이 모두 다 마음 가는대로 따라 나오고 흥망성쇠도 모두 마음쓰는대로 응(應)해야 되고 수요장단(壽夭長短)도 또한 마음대로 되고 군자 소인(君子小人)도 모두 다 마음먹는대로 되는지라、정대(正大)한 마음은 군자의 사람이라 날마다 일하는 것이 모두 자선의 사업이요 부정(不正)한 마음은 소인(小人)의 사람이라 날마다 일하는 것이 모두다 악의(惡意)의 간계(奸計)로다。

마음이 침중하면 장수(長壽)하고 조급(躁急)하면 단수(短壽)하나니 사람이 마음이 없으면 정신이 없고 정신이 없으면 기운이 쇠진하고 기운이 쇠진하면 생명이 끊어 지나니、이 어찌 일신의 주재(主宰)가 아니겠는가 형체없이 허령(許靈)하고 출입무상 하는 이내마음 잠시인들 놓아버리고 수습하여 잡아드리지 아니할까。그러하나 소리 없이 드나드는 그 마음을 어찌하여 잡아 드릴까、견물생심(見物生心)하고 축물이의(逐物移意)라 하는 말씀은 옛글에서와 같이 물건을 보면 가지고져 하고 좋은 것을 보면 얻고져 하여 이 몸은 이 방안에 있으나 마음은 보고 듣는 것을 따라 수천만리(數千萬里)밖의 일본(日本)이나 중국、기타 다른 나라를 순식간에 왕래하여 어떡하면 구하여 드릴까 하여 여러가지로 연구하고 생각하나 소원을 이루지 못할 뿐이 아니라 필경랑패(畢竟狼狽)가 많으니라。마음 잡는 법은 다른게 아니라 어렵지 아니하니 남의 부귀호화(富貴豪華)를 탐하지 말며 보석 같은 물건을 가지고져 하지말며、의복、음식이며 거처

범절(居處凡節)을 자기 처지에 적당하도록 하여 분수(分數)에 넘치지 말 것이며、 한시라도 풀어지고 게을리 하지 말며、 삼가하고 부지런하여 공경(恭敬)하고 조심하기를 옥을 받는 듯이 하고 얼음(氷)을 밟는듯 하며 예도(禮度) 아니거든 보지 말고、 듣지도 말며、 말하지 말며、 움직이지 말지니、 부인은 남자보다 주의할 것이라、 이와 같이하면 마음 잡아 드리기가 어렵지 아니 하나니라。

二、용모 가지는 법

부인의 얼굴을 성형하여 아름답게 가지고져 하는 것이 아니요。 조용하고 순수 하기를 주장하나니、 화열(和悅)하여도 거친 태도가 없고 유순하여도 씩씩하며 단정하고 매몰한 빛이 없어야 부인의 얼굴이라 하나니라。 날마다 일찍 일어나 남보다 먼저 세수(洗水)하고 의복단정히 입고 방안이며、 상밑이 어지럽고 불결하지 않게 청소하고 때묻고 땀냄새나는 것을 남에게 보이지 말고 몸을 단정히 가지며 자식을 길러도 똥오줌을 의복에 묻히지 말고 머리를 바로하고 눈을 단정히 뜨고 손은 공손히 하고 음성을 조용히 하며、 서기를 유덕(有德)히 하여 기울게 하지말고 입을 가만히 다물고 기운(氣運)을 유화(柔和)히 하고도 엄숙히 하고、 발(足)을 무겁게 가지고 웃어도 크게 소리나게 웃지말며 꾸짖어도 크게 소리 내지말며、 고개를 놀리거나 눈으로 눈짓하거나 기울여 듣거나 귀(耳)에 대고 말하거나 앉을 때에 아무곳이나 의지하여 앉는 것이 제일 불가(不可)하나니라。

좋은 일이 있어도 경망스럽게 기뻐말고、 불합(不合)한 일이 있어도 발연변색(勃然變色)하여 짜증을 내지 말지니라。

행실 높은 부인은 희롱(戱弄)하는 일과 잡(雜)된 웃음이 없고、 불필요하고 부정한 말이 없나니라。 용모가 개제(愷悌)한 부인은 연꽃(蓮花)에 비(比)하였나니、 그 아름답기를 가르침이 아니라 연꽃이 천연히 물위에 피어 났어도 흙이 묻지 아니하고 빛이 곱고 용모가 단정하고 형용이 화려하여 찬이슬을 맞아도 향기를 품고 결실 하므로 화중군자(花中君子)라 하나니라。

三、몸 가지는 법

부인의 몸 가지는 법은 항상 고요하고 단일(端一)하기를 원하나니 행동거지를 거칠게 하지말고 법도에 맞겠끔 하여 방문을 드나들 때도 조심하여 나들며 천연하여 공경스럽게 문을 여닫으며、전후를 잘보고 조용히 할 것이며 자리없는 땅에 앉지말며 버선을 벗고 다니지 말며 문(門)에 들어갈 때 기침하고 섰다가 방안에 있는 사람들이 미리 알게하고 들어 갈지니、모르고 있는 중에 급히 문을 열거나 문밑에 가서 엿듣는 것은 나쁜지라、문밖의 어른신을 밟지말며 방안에 들어갈 때 앞에 있는 어른의 것을 넘지말며、 주인 없는 남의 세간 뒤져보지 말며、 남의 방에 가거든 모든 것을 눈을 돌려 두루 살펴보지 말 것이니라。 시속(時俗)에 신부의 장농을 열어보는 것이 대단히 불미한 일이니 그중에 남에게 보이지 못할 것도 있을 것이오、가난하여 장만치 못하여 왔으면 부끄러워 할 것이요、부유하여 풍성하게 하여 왔어도 자랑코져 아니하나니、 남이 언잖게 여겨 좋아하지 아니하는 일을 구태여 하리오、 신방 엿보는 풍속은 더욱 불미하니 부디 하지 말지니라。

남의 것을 추호도 눈돌려 잡지 말고、 좋은 것을 보아도 욕심을 내어부러워하지 말지니라、 부인내 중에도 간혹 도적질 하는 이가 있는 고로 이는 칠거지악(七居之惡)에 들었나니 이러한 행실 있는 이는 집에 두지 못할지라、 어두운데 촛불없이 다니지 말며、 꽃피고 달밝은 때라도 뜰에 나다니지 말며、 몸이 중문(中門)밖에 나가지말며、 일생(一生) 몸을 옥(玉)같이 가져 남의 시비를 듣지 말고 들은 말도 들은체 말고、 본일이라도 본체말고 방안과 내 앞에 당한 일 이외에는 아는체 하지 말지니라。옛날 백희(伯姬)라는 열부는 집에 불이 났으나 밤이 깊고 부부가 같이 아니있다 하여 남에게 알리지 못하여 불에 타죽으니 이러한 일은 비록 본받지는 못하나 부인네 몸가짐을 이처럼 하라는 뜻이다。

부인네의 말소리와 웃음소리、그리고 개와 닭 쫓는 소리가 중문 밖에 들리면 그 가정을 가히 알지니라。어른 어깨를 짚지 못하며、벽에 의지하여 서지 말며、어른의 옷걸이에 자기 옷을 벗어 걸지 못하느니라。부인의 도리는 남(男)에게 굴복하나니、비록 총명이 과인(過人)하고 지식이 월등할지라도 가사(家事)를 자유자단치 못하나니、그러므로 삼종지도(三從之道)가 있나니、집에 있어서는 아비(父)를 쫓고、출가(出家)하면 가부(家夫)를 쫓고、가부(家夫)가 없으면 자식을 따르는 것이 삼종의 의(義)이니라。

혹시 현철한 부인이라도 마음이 좁고 성품이 편벽하여 모든 일을 자의

(自意)로 하는 이 있으면、망국(亡國)도 하고 패가(敗家)도 하나니、이런고로 일동일정(一動一靜)을 모두 가장(家長)에게 품(稟)하여야 하고 나의 자의로 천단하지 말것이니라。

옷깃과 치마 뒤를 항상 여미어 살과 속옷이 비치지 아니하게 하며、자식 젖먹일 때는 옷깃을 풀어 헤치지 말고 눈을 거듭뜨지 말고 무단히 두루 돌아보지 말며、팔이 드러나게 옷소매 걷지말며、가려워도 요란하게 긁지 말며、어린 자식 똥싸거든 개(犬)를 부르지 못하나니、이것이 모두 어른 앞에서 해서는 아니될 일이라。

음식을 대하여 혀(舌)를 차지 말며 침뱉지 말며、어른 뫼시고 음식 먹으며 상(床)을 바로 놓고、수저를 조심스럽게 놓아 소리나게 하지말며、상에 놓인 것이 입에 맞은 음식이라도 휘저어 먹지 말며、먹기싫은 것이라도 전혀 먹지 아니하면 음식 탓하는 것 같으니라。음식을 어지러히 휘저어 먹지말며 손으로 집어먹던 것을 다시 그릇에 놓지말며 음식 먹기를 부디 깨끗이 하여 남은 것을 남이 더럽게 여겨 보게 하지말며 남이 주는 음식을 고집하여 사양하지 말고 싫을지라도 사색(辭色)을 보이지말며 음식을 게을리도 먹지말고 황급히도 먹지말고 고기의 뼈와 실과(實果)의 씨를 벗겨 상옆에 정히 모아놓고 어지럽게 던지지 말며 어른 앞에서 이(齒)를 쑤시지 말며 양치질을 못하며 기지개 펴서 하품하며 재채기 하는 것이 모두 불경(不敬)하나니라。음식과 의복을 나무라지말며 몸가짐을 너무 진중(珍重)히 하면 거만한데 가깝고 너무 민첩하면 경망(輕忘)한 것 같이 보이기 쉬우니 천연히 법도에 합당하게 하여야 한다。어디서 반가운 일과 놀라운 기별(奇別)이 있을지라도 전도(顚倒)하게 내치지 말고 앉아서 기다릴 것이니라。

四、말씀하는 법

부인네 말씀은 화순(和順)하고 간정(簡精)하여 부허(浮虛)하고 황잡(荒雜)하게 말며 남에게 들은말과 보지못한 말을 하지말며 적실한 말이라도 떠들지 말고 즐거운 말이라도 반가히 하지말고 적중하고 단정하며 온화하고 일정하며 공손하고 자상한 것이 부인네 말씀하는 것이니라。남의 누덕(累德)을 입에 담지말며 형제간의 허물을 입밖에 내지말며 지친간(至親間)의 험담을 구고(舅姑)와 가장에게 전하여 정의를 상하게 하지말며 비복배(婢僕輩)의 말을 바로 듣지말고 옮기지도 못하게 거절할 것이니라。

옛날 어진부인은 내집에 당한 일만 듣고 그밖에 일은 이르지 아니 하느니라。공자(孔子)께서 말씀하시기를 말을 많이 하면 패(敗)함이 많다 하시니 이 말씀은 물론 남녀노소를 막론하고 항상 잊지말고 종신토록 생각하면 시비가 없고 낭패가 없고 평생게 유익할 것이니라。흉한 말은 옮기지 말고 좋은 말만 전주하여야 하며 어두운 밤에는 귀신과 도적과 죽이는 일을 이야기하지 아니하며 비와 바람을 꾸짖지 말며 하늘과 해를 원망치 말며 부질없이 칼로 땅을 긋지말며 일월성진(日月星辰)을 향하여 대소변(大小便)보지 말며 빠른바람과 급한 우뢰와 심한 비오는데 의건(衣巾)을 정제하고 앉으며 천위(天威)를 공경할지니라

五、기거하는 법(起居法)

부모구고(夫母舅姑)와 가부존행(家夫尊行)이 출입 하실때에 창졸간(倉卒間)이라도 몸을 가볍게 일어나 중문에 들어 계시거든 방문밖에 나서고 방안에 드시거든 일어나서 아랫목을 피하여 서고、앉으시기를 기다리며 나가실때에도 계하(階下)에 뫼시고 내려와 중문에 나가심을 뵈온후에 다시 들어올 것이니라。웃어른도 여러가지로 구별이 있고 출입도 무상한 출입에는 다름이 있느니라、행하지는 못하나 예법(禮法)이 이러하느니라。

절(拜)하는 법은 천연히 안상(安詳)한 풍조로 옹용주선하여 전도분주(顚倒奔走)치 말고 굼뜨게도 말고 잘하는 사람의 법을 배워 굽힐제 힘쓰지 말고 일어날제 무릎짚고 일어나지 말며 서로 대할 사람에게는 피차 서서 절하고、아니 대할 사람에게는 앉은 후에 절하고 혼례(婚禮)와 제사(祭祀)와 부모에게 헌수할 때에만 사배(四拜)하고 그 외 평소에는 단배(單拜)하나니라。

부모가 마루나 방에 들어 오신 후 계단아래에서 절하고 당(堂)에 올라 문안하고 앉으라、명(命)하지 아니하시거든 앉지 못하나니 이것이 예법(禮法)이니라。

각 방에서 잠자면 한집(一室)안이라도 절이 있고 하루밤이라도 타처(他處)에 나가자면 절(拜)하나니라。 조석문안(朝夕問安)에 절하며、저녁 후에 침실에 들어가서 부모의 자리를 펴놓고 물러나올 때 절하며、새벽에 일어나서 부모의 침실에 들어가 안부를 물을 때 절하고 밤새의 문안을 하고 이부자리를 다 거두며 방 청소며 세수물도 갔다 올릴지라、항렬(行列)이 낮은이라도 나이가 많으면 절을 할 때도 있고 몸만 굽(屈)힐 때도 있으니 이러한 일은 안어른에게 취품(就禀)하여야 하며 절(拜)한 후 인사하기를 머뭇거리지 말며 옷을 여밀때는 손은 모아 모양있게 여미고、앉아도 반듯하게 바로 앉고、몸을 굽혀도 흔들어 몸짓말고 손을 놀려 무엇을 만지작거리지 말며、눈을 돌려 쳐다보지 말고、어른이 말씀하거든 공손히 듣고 말씀을 마치신 후 음성을 나즈막하게 하여 대답하되 말씀하실 동안은 좌석(座席)을 고치지 말고 천연(天然)하게 앉아서 기다릴 것이니라。

六、거가(居家)하는 법

인가(人家)에 법도 없기는 내정(內庭)이 그른 까닭이라。가모(家母)된

사람이 명찰하고 규모 있으면 추호인들 그름이 있으리오、날마다 일찍 일어나 이부자리를 치워 놓는 곳에 놓고、의복을 어지러이 말며、방에 있는 어른들의 세간을 정돈하며、구석구석을 깨끗이 닦으며 비복(婢僕)을 신칙하여 부억이며 전후 뜰을 깨끗하게 쓸고 날마다 쓰는 세간 즙물(汁物)을 질서있게 모아놓고 혼잡하게 하지말며、방에 깨끗하지 아니한 자리와 더러운 의복을 두지 말고、남녀의 의복을 함께 섞어 두지 말고 바람벽에 코、침뱉지 말고、기용지물(器用之物)이라도 옷 담는 그릇과 곡식 담는 그릇은 각각 구별이 있을 것이요、섞기어 혼잡하면 부정하니 경계하고 조심하라。

부인은 항상 몸을 단정하게 해서 다니는 것이 도리오니 방문앞에 앉지 말며、남의 눈에 뜨일 때 앉지 말 것이라。옛 말씀에 이르되 한집(一室) 계교는 화순(和順)한데 있고、일생계교는 부지런한데 있고、일년 계교는 봄(春)에 있고 하루의 계교는 인시(寅時)에 있다하나니、항상 사람이 좋게 지날지라도 늦도록 자고 남이 와서 깨워도 아니깨면 넉넉한 재산(財産)이라도 무단히 저절로 패하나니 이 원인은 해태하고 부지런하지 못하여 편하기만 좋아하고 가사를 등한시하고 다급한 일이라도 조금있다가 한다하며、또 머뭇머뭇 하였다가 의외(意外)의 다른 일이 생기든지 혹 손님이 오시든지 하면 즉시 못하나니、사사건건(事事件件)을 이같이 하면 자연 가산(家産)이 쇠패하여 지나니 어찌(如何) 두렵지 아니하리오、혹 낮잠을 자다가는 걸인(乞人)이 동냥하러 왔다가 잠들고 조용한 걸 보고 기물(器物)을 가지고 가나니라。

옛 글에 말씀 하되 십년(十年)의 계교는 나무(木)를 심고(植)、일년(一年)계교는 곡식(穀植)을 심고、하루(一日)의 계교는 일찍 일어(起床)나라 하였으니、그 말이 모두 옳은 말이다。물론 상하(上下) 남녀(男女)할것 없이 이 말을 잊지말고 시시(時時)로 생각하여 이 말(言)대로 행하면 평생(平生)에 유익할 뿐 아니라 세계(世界)에 명예(名譽) 있으리라。

어떤 집은 잠자던 잠자리를 거두워 정리도 아니하고 한구석에 미루어 밀쳐두고 남녀 의복(衣服)을 혼잡착난하게 분별 없이 쌓아두고 해묵은 티끌이 방안에 가득히 쌓(積)이고 기명(器皿)이 사방에 흩어져 있고 어른의 소변 요강이며 아이들 똥(尿) 오줌냄새가 코를 찌르고 부엌(厨)을 보면 찬장이며 음식 숙설(熟設)하는 기구(器具)가 모두 부정(不精)하고 여기 저기 문란하게 놓여 있으니 이러한 집은 오래 부지하기 어려운지라、사람사는 집안이 청결하고 명랑하고 운치(運致)가 있어야 사람의 정신과 기상(氣象)이 다 쫓아 나타나서 우환질병(憂患疾病)이 들지못하고 복록이 장원(長遠)하나니라。 심지어 계견우마(鷄犬牛馬)의 거처라도 청결 하여야 병이 없고 잘 되나니라。

七、처녀(處女)의 수신(修身)하는 법

처녀(處女)의 몸 가지는 법은 보옥(寶玉)을 갑(匣)에 넣어 깊이 감추어 둔 것과 같이 하여야 남이 알지 못할지니 이러함으로 여자 열살(十才)되면 지개문(門)밖에 나가지 못하게 하며 일가친척이라도 무단히 뵙지 못하며 예(禮) 아니고 부정(不正)한 언사(言事)를 귀(耳)에 듣지못하게 하며、남을 대하여 문답을 할 때는 유순공경(柔順恭敬)함을 힘써하며 일동일정(一動一靜)을 규거(規矩)에 넘지말고 어른 시키는 데로 조심하여야 하고 동네 상하들을 사귀어 음식통치말며 바깥일(事)을 알려고 하지말며 부지런하고 조용하여 여홍범절(女紅凡節)을 갖추어 배우며、제물숙설(祭物熟設)하는 법과 진설 배읍하는 절차를 눈(眼)에 익히고 마음에 새겨두어 염념불망(念念不忘)하여 낭패없이 하며 손님대하는 범절 등을 알뜰히 배워 술한잔(酒一杯)을 차려드릴 때라도 부정(不精)함이 없게 할 것이니라。

평일 거가(居家)하여 아시(兒時)에 안색을 화순(和順)히 하며、행실을 고결히 하기를 배우며 육갑(六甲)과 구구수(九九數)와 언문(諺文)、현국어)이며 예절을 힘써 배우고 소학(小學)에 사부모구고(事父母舅姑)하는 효행을 배워나갈지니라、일가친척이라도 남자를 대하여 희희잡담하는 것이 대단 번잡하고 단정치 못하니 여자 친척 외에는 윷(柶)던지는 것과 쌍륙(雙陸)노는 것은 일체유의(一切有意)치 말지니라 여자 많은 집에는 부인(婦人)네들이 모여앉으면 잡담이 많으니 각별히 조심하여 경계(警戒)할 것이며、아는것도 모르는체하고 규중(閨中)에 몸을 감추워 소리없이 거처하여 남이 있는 줄을 모르게 하며 부모구고와 형제친척간 섬기는 법은 하편에 있으니 자세히 보아서 행할지어다。

八、출가(出家)하는 법

여자가 출가할 때 처녀(處女)시절에 몸을 옥같이 고결히 감추어서 있음은 어진 군자(君子)의 배필(配匹)되기를 위함이며、가문(家門)이 부적하거나 인물이 불량(不良)하면 경이(經易)히 허신(許身)치 아니하나니、고로 예문(禮文)에 말씀하시기를 중매(中媒)다니기 전에는 남녀가 성(姓)을 서로 모르고、초례전(醮禮前)에 얼굴을 서로 모르고、폐백(幣帛)드리기 전은 서로 사기지 말라 하였느니라。남취여가(男娶女嫁)할 때에 조상에게 고(告)하며 연석을 배설하고 인리향당(隣里鄕黨)과 원근친척(遠近親戚)과 내외친붕(內外親朋)을 청하여 광명정대히 하기는 부부지도(夫婦之道)가 특별 중대함을 위한지라。

혼인 정할때부터 언사를 건실이 하기는 신(信)과 의(義)를 깊이 맺어 백세해로(百歲偕老)하고 사후동혈(死後同穴)하자함이니、고로 출가 이후에도 두 지아비(二夫)를 섬기지 아니하나니라。기러기(鴈)를 친영시에 폐백하기는 유신(有信)한 짐승이므로 부부도 또한 신(信)을 지키고저 함이니라。하늘이 땅보다 먼저 하는고로 신랑이 먼저 와서 폐백을 드리고 친히 맞는 법이니 부부지의(夫婦之義)는 천지(天地)와 군신 같은지라 어찌 중대치 아니리오.

예문에 말씀하시되 아비(父)가 아들 장가 보낼 때에 명(命)하여 말씀하시기를 네가 가서 내상(內相)을 맞아와서 종사를 받을지니 힘써 공경하라. 아들이 대답하되 오직 감당치 못하거니와 명을 잊지 아니하오리다 하며, 신부(新婦)의 아버지는 딸을 보낼 때에 경계하여 말하기를 필경필계(必敬必誡)하여 구고(舅姑)의 명을 어기지말라 하고 어미는 옷고름을 매면서 수건(手巾)을 주며, 명(命)하여 말씀하되 조심하여 힘써 잡안일을 어기지 말라하오니 이 일로 보면 남의 며느리 됨이 중한줄 알리로다.

신부 예(禮) 하기 전에는 처녀때와 같이 방문을 나다니지 아니하며 지친(知親)의 연회라도 다니지 아니하고 처신범절을 한층 더 주의하는 것이라.

고례(古禮)에 말씀하시되, 신부온지 삼삭(三朔)만에 비로소 현사당(見

祠堂)한다 하니 이는 다름이 아니라 석달(三月)을 두고 보아서 불민(不敏)함이 없어야 비로소 내 며느리(吾子婦) 노릇할지라 사당에 뵈옵고 그렇지 아니하면 제집으로 돌려 보내게 하더니、주자(朱子)께서 가례(家禮)를 만드신 후로 삼일만에 현사당 하기로 고치시니라。신부가 현사당하기 전에 죽으면 신주를 사당에 들지 못하게 하니、대저 며느리(大抵子婦)는 봉제사(奉祭祀)하기 위함이니 현사당(見祠堂) 전에는 자부가 쾌(快)히 못된 연고로 그러하니라。

九、가장(家長) 섬기는 법

소학(小學)에 말씀하시기를 부유칠거지악(婦有七去之惡)이라하니 불순부모거(不順父母去)하며 음거(淫去)하며 투거(妒去)하며 무자거(無子去)하며 유악질거(有惡疾去)하며 다언거(多言去)하며 절도거(竊盜去)라 하하였으니 부모에게 불순하면 버리고、 음란하면 버리고、 투기하면 버리고、 자식없으면 버리고、 악한 병이 있으면 버리고、 말(言)이 수다하면 버리고、 도둑질하면 버린다 함이라。 도둑질은 타인의 물건을 도둑질 할뿐 아니라 부모와 가장의 눈을 속이려하는 버릇이 있음을 말함이요、 말이 수다하면 비단 일가친척간이나 동리(洞里) 사람 사이에도 불미(不美)한 일이 있고、 악한 병이 있으면 단지 자식 낳지 못할뿐 아니라 봉제사할 때 부정하므로 버리라 하니 여자되어 칠거지악(七去之惡)이 어떠한 것인지 명심할지어다。

남의 아내되어 가장을 도와 그집 문호(門戶)를 창대케 하는 것이 여자의 제일 큰 목적이라 남자(男子)가 취처(娶妻)한 후는 가도(家道)가 전부 내도에 있으니 부모(父母)께 극진히 효도하던 이도 배후만난 후 효성도 감해지고 동기(同氣)간에 우애(友愛)와 친척간에 돈독하던 것도 정의(情誼)가 소원(疎遠)하여 지나니 이는 다름이 아니라 부인의 연고니 가장의 덕행(德行)과 정의를 돕지 못하는 마음이니 이러한 부인은 가장을 그런 곳으로 밀침이라 장가들어 아내 얻어 오는 것이 두렵지 아니하리오、아내(妻)를 내상(內相)、또는 내자(內子)라 칭호(稱號)를 하니 이는 가장을 덕(德)으로 도움이라 함이요 세간살이만 돕는단 말이 아니니 부디 가장을 잘 인도하여 부모에게 효도하고 동기(同氣)를 우애하며 친척을 화목하고 빈객(賓客)을 극진한 예(禮)로 대접하여 인리향당에 칭찬을 들을지니라、혹(或) 불학무식(不學無識)한 남자가 부랑패류(浮浪敗類)에 가깝다가 취처(娶妻)를 잘하면 전에 못된 행실을 고쳐 올바른 사람이 되나니라。어떠한 부인이 제가장에게 못된 일을 하라하며 반대로 그른 일을 권(勸)하리오만은 혹시 어진마음을 잃고 부모에게 불초(不肖)하며 동기친척간에 화목치 못하는 일들이 아내로 말미암아 일어나나니 각별 조심할 지어다。

여자의 가장(家長) 섬기는 도리는 화순하고도 정직하여 의리(義理)에 해롭지 아니한 일은 거슬리지 말며 비례(非禮)의 일이라도 소리 질러 다투지 말고 의리로 조용히 개유(開喩)하여 말지니라。

하늘은 뇌정벽력(雷霆霹靂)과 풍우상설(風雨霜雪)의 변화가 무궁하되 땅은 요동하는 법이 없고 순수(順受)하기로 사시절기(四時節氣)를 잃지 아니하여 곡식초목(穀植草木)과 만물이 다 생성(生成)하니 부부지도가 또한 천지와 같다。 부부가 화순하기로 근본을 삼아 가장이 비록 악하고 착하지 못하여도 드러(露出)나게 말고 가만히 가장을 도와 현명현철한 군자(君子)되게 할지니라。

옛적 주(周)나라 태사(太姒)는 규중성인(閨中聖人)이라 문왕(文王)을 도우신 덕(德)이 천하에 미치시니 왕업(王業)을 이루사、백자천손(百子千孫)이 천추에 유명하니라。 빈계사진(牝鷄司辰)은 망가지본(亡家之本)이라 하는 말(言)은 부인이 집안 일을 전주(專主)하면 화패(禍敗)가 난다 이름이라。 대저 부인은 양기(陽氣)를 타지 못한지라 성품이 편벽되기로 비록 총명지혜 출중하나、가사를 총집 자단하면 가도가 자연 쇠락하여 패망하나니 국가도 또한 그러하나니라。

부인은 가장에게 굴복한 법이어늘 제 의견을 세워 매사를 임의로 못하나니、요즘 시속부인(時俗婦人)네는 가장을 도와 덕업을 높이고 명예(名譽)를 빛나게 할 이는 없고 친척붕우간에 불목하도록 인도(引導)하는 일이 왕왕(往往) 있으니 어찌 한심치 아니하리오。시전(詩傳)에 이르되 옛 어진 부인은 닭이 울면 지아비를 일어나라 권하여 가도(家道)를 정제하도록 인도하며、가장의 친한 벗(朋)을 후대하여 공경하며、금슬(琴瑟)이 지중(至重)할수록 너무 친압지 아니하고 서로 공경함을 스스러운 손대접(客待接)하듯하여 체면을 잃지(失) 아니할 것이니라。옛날 각결(郤缺)이라는 사람은 밭에서 김을 맬때 그 아내가 점심밥을 들게 하되 서로 경대(敬待)하여 손(賓)같이 하거늘 진(晋)나라 사신이 지나가다 보고 옳은 사람이라 하여 인군(人君)에게 천거하여 벼슬을 시키니라。

양홍(梁鴻)의 처 덕요(德耀)는 친가의 부귀호화함을 다 버리고 빈궁한 양홍을 쫓아서 부도를 극진히 하여 상(床)을 들매 눈썹까지 가지런하게 높이 들어 공경을 다하니 천고에 유명하나니라。 부부지간은 군신지간과 같은지라 서로 희롱의 말씀이 없으며、 지아비가 선실기도(先失其道)할지라도 부인의 도리는 감히 같이 못하고 희롱의 말이라도 정직하게 대답할지니라。 맹자(孟子)께서는 아내 방에 들어 가실 때 부인이 마침 옷(衣)를 벗고 있거늘 맹자(孟子) 불미하게 여기시며 내치(出)고 저하시니 그 모친께서 말씀하시기를 예문(禮文)에 이르기를 방안에 들어오실 때는 문밖에서 소리(聲)하고 멈추어 찬찬이 문을 열라함은 방안 사람이 알게 함이오 방에 들때 눈을 낮추고 두루 보지 말라함은 방중사사(房中私事)를 아니 보려 함이어늘 네 이제 예문대로 못하고 도리어 아내만 책망한다 하시니 맹자(孟子) 들으시고(聞) 내치지 못하시니라。

원앙새는 비조중에서도 부부지도를 아는 새라 다닐 때도 비록 각기 헤어져 다니지 아니하나 항상 사이를 뜨게 다녀 친압(親押)지 아니하고 한 마리가 죽으면 쫓(從)아 죽으니 부부지도가 마땅히 이같을지라。

그런 고로 혼인벼개(婚姻枕)에 원앙새를수놓음은 지조(志操)가지기를 이 새와 같이 하라함이니라。 부인네 소임이 음식의복(飮食衣服)에 있으니、음식을 친집하되 정결히 하여 부모구고와 가장 빈객을 극진공경(極盡恭敬)하고 가장이 나갈 때는 의복을 보라 하였나니 이 두 가지는 부인의 대절(大節)이라、대객(待客)하기를 수통(羞痛)이 하면 가장의 체면(面)을 깍는 격이요、지아비가 남의 집에 가서 의복이 누추하면 부인이 용렬함이라 여자의 도리는 의복 음식을 사치롭게 하라함이 아니라 아무쪼록 남보다가 정결하고 수품과 솜씨가 한층 좋게 하기를 위주하나니라。 여자는 가장을 소천(所天)이라 하나니 만일 추호라도 거역하고 속이면 어찌 하늘을 섬기는 도리라 하리오。 부귀가(富貴家)에서 생장한 며느리는 흔히 교앙지심(驕昂之心)이 있나니 어찌 부인의 도리라 하리오、 이는 부덕(婦德)이 없을뿐 아니라 이는 인류(人類)가 아니니라。 옛적 순(舜)인군은 향곡에서 밭(田)갈고 질그릇(陶器)하는 집이시라도 요(堯)인군의 두딸 아황녀(娥皇女) 영(英)이가 금지옥엽(金枝玉葉)이로대 그리로 시집(媤家)가서 공순(恭順)히 며느리 도리를 극진히 하여 구고를 효양(孝養)하고 가장을 승순하며 악한 부모를 감화하여 천추에 유명하신 효부열녀(孝婦烈女) 되신지라 어찌 부귀호화로써 구가(舅家)에 와서 교기(驕氣)를 부리리오、 생심도 그러한 버릇은 못할지라。 가난한 시집에 와서 네손으로 세간을 이루워가나 친정 것을 가져다 생활 한즉 전일 간구하던 말만 들추워서 구고를 박대하며 가장에게 불순하나니 각별 조심할지라。 혹 시집이 불합(不合)한 즉 제집에 가기를 좋아여기고 시집살기를 싫어하나니 그러한 류(類)는 부도(婦道)에 불가한지라 또 가이한 부인은 가장을 끌고 제집에 가서 살다가 필경 처족에게 능멸(陵蔑)을 받으리라。

사위(婿)가 처가에 드물게 다녀야 귀한 손님이 되나니라。 만일 지아비

성내거든 안색을 화(和)이하고 성음(聲音)을 순히하여 분을 돋구지 말고 비록 해거지경(駭擧之境)에 이를지라도 더욱 공손히 극간하여 분(忿)이 풀리도록 하며 지아비 광부(狂浮)하여 가실(家室)을 잔학할지라도 추호도 불순히 말고 가모의 소임을 극진히 차리고、종시부득할지라도 조심 공근하여 깨닫기를 기다리는 것이 부도이니라。충신이 국가에 득죄(得罪)하여도 감히 국가를 원망치 못하는 것이어늘 무식한 여자는 세미한 일로 인연하여 가장에게 불은(不隱)한걸 보면、그 편협한 성정(性情)을 참지 못하고 결항(結項)도 하고 혹 자결도 하는 이 있으니 그러한 무도 패악한 일이 있으리오。지아비 재물을 얻어 들이거든 아내가 보고 좋게 여기면 지아비도 그 뜻을 맞추어 구하기를 좋아하여 비리의 재물이라도 얻어 드릴 것이니 이러한 태연망측한 행실을 가르쳐 하는 것같은지라、빈한하여 기한(飢寒)을 견디지 못하나 어찌 참아(忍) 가장으로 하여금 그런곳에 함입케 하리오、혹 지아비 도둑질 하거나 강상(綱常)의 변(變)이 있거나 부자지간(父子之間)에 용납치 못할 일이 있어 몸이 무죄(無罪)히 득담(得談)할지라도 사필귀정(事必歸正)하기만 기다릴 것이오、가히 자결치 못하나니 자결을 하면 이것은 누명을 스스로 뒤집어 쓰는 것이니 깊이 생각할지니라。혹 중매에게 속아서 지아비를 잘못만나 인품이 혼용하거나 몹쓸 질병이 있거나、가세가 빈한하거나 할지라도 이는 다 나의 불행(不幸)이오니 일호 원망치말고 지어미 도리를 패치말고 극진히 할지라。육례친영(六禮親迎)하여 이성지합(二姓之合)이며 만복지원일새 생즉동주하고 사즉동혈(死則同穴)하나니 어찌 중(重)치 아니하리오 일가흥망과 만세복조가 다 부부에게 매였으니 어찌 두렵지 아니하리오。삼가할지어다。

十、부모와 구고 섬기는 법

부모 섬기는 도리는 성효(誠孝)가 으뜸이라、기운을 나즉히 하고 안색을 화열히 하며 음성을 온공이 하여 뜻을 맞추어 매양 마음을 평안하시게 하고 즐거워하시게 할지니라。

소학(小學)에 말씀하시기를 며느리 구고 섬기기를 부모섬김과 같이 하여 첫닭이 울면 세수(洗水)하고 의복을 단정히하고 침소에 가 문안하옵고 안부를 살피며、 잡수실 것을 묻자와 일찍 드리고 밤이 되거든 침석을 펴고 온냉(溫冷)을 살피라 하였으니、 부모잡수실 음식을 사환(使喚)에게만 맡기고 있는 것은 도리가 아니니라。 매사를 친집하여 부모의 마음에 미진함이 없도록 할 것이요、 부모가 연로(年老)하시면 젊은이는 춥지않는 때라도 추워하시고、 배고프지 않는 때라도 시장(澌腸)하여하시니、 이는 많이 잡수시지 못하신 연고로 그러하시니 나이 많은 이는 자주 잡수셔야 허핍(虛乏)치 아니하시나니라。

자식에게 세간 맡긴 후로는 잡숫고 싶은 것이 있어도 무상(無常)이 찾지 못하고、 집이 가난하면 더구나 배고프고 추운 것을 말못하나니、 재하자(在下者)가 기색(氣色)을 살펴서 때를 맞추어 어린아이(小兒)보호하듯 하여야 노친(老親)이 부지하시나니라。

가볍고 따뜻한 의복이 아니면 무거워하시고、 부드러운 음식(飮食)이 아니면 배고파도 진식지 못하나니라。 젊은이 입고 먹는 것을 노친에게 대접하여서는 견디지 못하시니、 의복、 음식을 먼저 부모부터 위하고 나머지는 가장을 생각하는 것이 옳거늘 무상한 것들은 가장(家長)은 출입(出入)한다 하여 가늘고 고운 것으로 선명(鮮明)히 하여 입히고 구고는 방에들어 앉아 출입도 없다하여 굵고 헌 것으로 하여 입히고 구고에게 아니 들인 음식을 가장에게 먼저 먹이나니、 어찌 한심치 아니하리오、한거(鰥居)하시는 시부와 과거(寡居)하시는 시모는 외로이 계시니 각별히 불쌍히 여기시어 극진히 봉양할 지니라。 구고가 구존(俱存)하셔서 잡수시는 이만 같이 못하시나니라。 대저 정성이 부족한 고로 부모의 기한(飢寒)을 모르고 봉양을 잘못하나니 정성이 지극하면 부모가 이르기 전에 수시로 살펴 봉양을 잘 하나니라。

어린 자식이 말(言)을 못하여도 춥고 배고파함을 살펴 알아 보고 아무쪼록 얻어 먹이나니 이와 같이하면 늙거니 받들기가 무엇이 어려우리오。

자식(子息)은 사사재물(私事財物)이 없나니 구고슬하에 있어서、집안 것은 들어내어 아람치 하는 것이 못쓸 행실이요、집안 것을 임의(任意)로 남주어 버리지 못하나니라。내집에서 가져온 재물이라도 매사(每事)를 구고에게 고(告)하고 임의로 쓰지 못하나니 자식의 몸이 부모(父母)에게서 나(生)온 즉 부모의 재물 아닌 것이 없느니라、고로 시하사람이 부모에게 취품(就稟)하여 하기로 부모가 늙어서 세간을 자식에게 맡겼더라도 범사(凡事)를 다 취품하여 재물과 음식까지도 부모가 임의로 쓰게하는 것이 자식의 도리라、부모가 만일 자식의 손안에 있어서 남주고 싶은 사람을 주지못하면 서러운 마음을 품으실 것이니 어찌 자식이라 하리오。

부모를 포식(飽食) 난의(煖衣)만 하여드리는 것이 효(孝)가 아니요 부모의 마음을 편하도록 하여드리는 것이 지극한 효도니라。 집안 마소(馬牛)라도 살찌게 먹이나니 부모도 잘 먹이고 공경(恭敬)하여 승순(承順)치 아니하면 어찌 견마(犬馬)기르는 것과 다르리오、 부모가 좋아하시는 친척과 친구를 때때로 청하여 부모와 같이 대접하고 부모가 사랑하시는 사람이 설령 내마음에 불합(不合)할지라도 극히 선대(善待)하는 것이 옳으니라。

부모가 노래(老來)에 출가한 딸과 세간난 지차자식(支次子息)을 편벽되게 생각하여 사랑하시거든 변(變)으로 알지말고 뜻을 받자와 지극히 후대하며 혹 자식 모르게 전곡(錢穀)과 포백(布帛)을 주시더라도 예사로 알고 조금도 비변지심(非便之心)이 없으시게 할 것이니라。

자식을 교훈(敎訓)할 때라도 매양 조부모를 귀중(貴重)한 줄로 말하며 좋은 것을 보거든 먼저 드리게 할지니라。

어떠한 무식용우(無息庸愚)한 며느리는 가장과 자식들만 일심(一心)되고 구고는 세간에 손대지 못하게 하고 성하면 밥 한그릇이오、 병들면 죽 한그릇을 딴 방에 던져주고、 보기를 남의 집 늙은이로 하니、 천하(天下)에 이러한 불초(不肖)한 자식을 어찌 사람이라 하리오。

부모의 친애(親愛)하시는 이를 도리어 미워하나니 타일(他日)에 제 자식이 자기가 하는 일을 보고 배워서 자기 대접을 그와 같이 할 것이니、 그러하면 집안이 흥(興)할소냐。 시부모가 자부(子婦)의 손안에 있어 편치 못하면 지친(至親)의 집과 친구의 집으로 나돌아 다니나니、 무식한 며느리(子婦)는 그리 하시는 것이 절박(切迫)한 줄 모르고 도리어 무던히 여기나니 남의 자식되어 인사가 이렇듯 하면 어찌 세상이 용납(容納)하리오。

부모가 늙으시면 같이 모셔서 말씀 하시는 이 없어 적적하실 때가 많으시니 수시로 자식들과 같이 부모를 뫼시고 고적하신 마음을 위로하며、 즐기시는 음식과 하고자 하시는 일을 뜻에 맞도록 하여드리며、 가빈하면 봉친(奉親)할 감지를 이을 길이 없으니、반찬 맛있는 음식 등을 따로 보관하여 노친께만 드리게 할지니라。

며느리(子婦)의 도리(道理)는 본집에서 온 것이라도 구고(舅姑)에게 드려서 임의로 쓰시게 하고 덜어 주시거든 구고께서 주시는 것으로 알지니라。제자식이라도 부모가 사랑하시거든 임의로 꾸짖고、때리지 못하며、구고가 미안지심(未安之心)으로 꾸중하시거든 두려워 하여 유순이 받들고 노색을 풀으시거든 황송감격하여 온의를 품지말고 효성을 더욱 나타낼지니라。

구고가 병환에 계시거든 보던 일을 버리고 주야 뫼시고、탕약(湯藥)과 음식을 지성으로 받들어 반드시 먼저 맛보고 나서 드리며、병중에 생각하시는 것을 백가지로 구하여 드리며、병측(病側)을 잠시라도 떠나지 말고 탕약 등절(等節)을 친히 하는 것이 인자(人子)의 당연한 도리니라。양부모와 계모는 자애지정(慈愛之情)이 적다하나 그럴수록 더욱 효성을 극진히 하고 정근친애(情近親愛)해 하면 그 부모의 마음이 소생(所生)을 두고 각별 고마워 기특(奇特)히 여겨 자애하는 정의가 다름 없나니 이런고로 효출어정(孝出於情)이라 하고 양부모(養父母)와 계모(繼母)에게 효자가 많다 하나니라。

순(舜)인군의 부모와 민자건(閔子騫)과 왕상(王祥)의 계모가 불양무도하여 아들과 며느리(子婦)를 죽이라고 하며 박대하고 못할 일도 시키며 백방으로 괴롭혔으나 순(舜)인군과 민자건、왕상이 부모를 지극한 효도로 섬기고 받들어 그렇게 불량무도한 부모가 필경 감화하였으니、자식이 지효(至孝)하면 비록 완악한 부모라도 감동하여 부자자효(父慈子孝)하나니라。

소생자부(所生子婦)라도 시모의 성품이 괴팍하여 며느리를 학대하며 몹시 괴롭히는 이가 왕왕 있나니 내 몸을 죽일지라 조금도 원심(怨心) 품지말고 지성으로 섬기면 혹 인륜의 변을 당할지라도 효부열녀(孝婦烈女)는 되나니라。

구가에서 용납치 못해서 출거(出居)를 당하여도 구고 원망을 말고、조급(操急)히 판단 자결(自決)하여 신세를 버리지 말고 진심하여 효성을 더욱 지극히 하라、지성(至誠)이면 감천이니라。서모(庶母)는 존구(尊舅)께 시침(侍寢)하는 사람이라 비록 층이 다르나 대접은 지극관곡하게 하여 조금도 천대말지니 존고(尊姑) 사후(死後)는 서모가 들어설지라도 존고섬기는 도리와 간대로 틀리게 말지어다。우리나라 율곡 이선생(栗谷 李先生)께서는 서모를 친모같이 섬기시어 가중대소사(家中大小事)를 다 상의하여 하셨다 하니라。존구가 혹 요첩(妖妻)에게 고혹하여 가정이 어지러워도 자부의 도리는 한결같이 선대하여 감화(感和)케 할지니라。

저와 의가 상하면 부자간의 의가 상하여 필경 내외가 모두 불효의 사람이 될 것이니 어찌 삼가치 아니하리오、시부사후라도 그 서모를 지극히 대접하고 또 무자이거든 더욱 고혈(顧恤)하여 출가치 못하게 할지니라。부모가 사랑하시던 것은 개(犬)와 말(馬)이라도 박히 못하거늘 하물며 모명(母名)

이있는 사람을 어찌 박대하리오。

十一、자식 교육하는 법(子女敎育法)

사람이 생이지지(生而知之)한 성인(聖人)외에는 가르쳐 배우지 아니하면 도저히 사람의 하는 일을 알지 못할지라。 그런고로 예로부터 전해오는 말이 자식 낳기가 어려운게 아니라 가르치기가 어렵다 하였나니、주(周)나라 태임(太妊)은 문왕을 잉태하시고 태중에서 가르치기를 정대한 법으로 하신고로 문왕이 태어나시매 현성(賢聖)하오셔서、왕업을 이루어 천하를 치평하시고 천고(千古)에 성군(聖君)이 되시니 이는 말하기를 태교(胎敎)라 하고、맹자(孟子)의 어머니께서는 아들을 위하여 세번이나 이사를 하면서 가르치시고 배워서 마침내 현인이 되셨으니 이를 말하기를 삼천지교(三遷之敎)라 하고 그나마 현인군자가 모두 가르쳐 배워서 성취하지 아니한 이 없는지라、중등(中等)의 인물은 교육하여 인도하기에 있나니라。자식을 낳아 말귀를 알아 볼만하거든 그때부터 부모존경함을 먼저 가르치고 점점 자라서 지각이 있을수록 귀애(貴愛)하는 사색(辭色)을 보이지 말고 마음속으로만 애중(愛重)이 여길 것이오、동류 아이들과 혹 놀다가 다투어 얻어 맞아 상하는 일이 있다하여도 내 아들을 먼저 꾸짖을 것이오、만일 동류 아이들만 꾸짖으면 이는 아들을 역성하는 것이라 자라가는 아이들이 저 역성하는 줄을 알면 점점 교만한 마음이 생기어 남을 업신 여기며 기탄(忌憚)없이 장난을 하나니라。

어디에서 음식따위가 생기거든 어른께 먼저 드리고 나누어 먹게하고 혹 약소하여 나누지 못할 것이거든 아이들을 주고、아이들이 어른께 준다고 해서 어디 어른이 혼자먹고 아이들을 주지아니하리오。

오륙세(五六歲)되거든 단지 집안 어른께만 절하고 수인사를 가르칠 뿐 아니라 동리(同里)어른과 손님 대접함을 가르치고 화려한 의복을 입히지 말고 검소하게 입혀서 사치로운 마음을 억제하며、칠팔세(七八才)되거든 어른옆에서 진퇴주선하는 것과 명령복종함을 가르치고 아침이면 이불과 자리를 정돈하고 방과 마루를 쓸어 정결히하여 청소하는 법을 가르치며 저녁이면 방을 치우고 금침을 펴서 자리를 보살피게 하여 부모 섬기는 도리를 가르치고 밖에 나가 못된 장난과 상스러운 말이며 잡된 욕설을 듣고 옮기지 말게 하고 슬하에 데리고 앉아서 정대(正大)한 말이며、재미있는 말을 수시로 하면 자식은 부모를 사랑하고 공경하는 마음이 자연 감동하여 생기고 부모는 자식을 귀중히 여기고 총애하는 마음이 한층 더할지라、이것이 부자유친(父子有親)의 목적이니라、아들을 가르치려하면 나(我)부터 먼저 잘한 연후에 말할지니 이러함으로 속담에 이르되 자식이 선생이라 하나니라。

무식(無識)한 사람은 어린 아이가 겨우 돌(一年)을 전후하여 말은 못하나 말귀는 알아 들을 만한 때에 어른들이 모여 앉아서 귀여워 재롱본다 하고、형(兄)때려라 아버지 욕하여라 하고 가르친즉 어린 아이 아무것도 모르고 시키는대로 하는 것을 어린 것은 어른들이 웃고 좋아 하는 것만 보고 의례히 그렇게 하는게 옳은 도리(道理)로 알고서 그 욕하고 때리는 버릇이 오륙세가 되도록 고치지 못하고 칠팔세에 이르러서는 그제야 부모가 나무라고 꾸짖는다。

네 나이가 칠팔세에 어른、아이 분별못하고 미거하다하여 매우 핍박하게 말하고 듣지 아니하면 심지어 매질 하기에 이른즉 어린 아이 소견에는 그전에는 부모가 극히 사랑하시더니 일조(一朝)에 미워하는줄 알아서 부자간에 상은(傷恩)이 되어 점점 불효(不孝)지경에 이르나니 이는 다름이 아니라 어린 자식을 귀중히 여기어 사랑할줄만 알고 옳은 도리를 가르치지 못한 연고니라。

十二、며느리 교훈하는 법(子婦教訓法)

소학(小學)에 교부초래(教婦初來)라 함은 자부(며느리) 가르치기를 처음 올 때부터 하라 함이니 여자가 아무리 제집에서 잘배워 규범내칙(閨範內則)에 모르는 것이 없고 필경필계(必敬必誡)의 교훈을 받았다 하여도 시집(媤家)에 오면 다시 구가의 가규(家規)를 배워야 하나니、시모의 사랑으로 가르치는 마음과 며느리의 공경하여 받드는 정성이 조금도 서로 차이가 없어야 될지라。

사람들의 천부(天賦)의 성질이 광명정직(光明正直)한 이도 있고 음험사곡(陰險邪曲)한 이도 있고 충후공근(忠厚恭謹)한 이도 있고 협애완패(陜隘頑悖)한 이도 있고 늘어지고、조급하고、악독(惡毒)하고、정대하고、간사한 이가 있어 각각 반대가 되나니、만일 고부가 서로 반대적으로 만나면 불합리(不合意)하여 불화하는 것은 자연스러운 이치라。

그러하나 사람마다 어찌 제 성질을 다부려 행동을 하리오、국가(國家)에서 예법(禮法)과 형법(刑法)을 마련하기는 비단 고부뿐이랴 국민이 서로 반대적 되는 성질을 절제금지(節制禁止)하고、 방한하여 기탄(忌憚)함이 있게 한 것이라。 웃사람이 되어서는 대체(大體)와 대의(大義)만 직하고 세미지사(細微之事)에는 더러 슬슬 덮어가야 재하자(在下者)가 용수족 하나니、 옳은 도리라 하는 것도 수다번잡하게 말(言)을 말고 잘못한 일이 있거든 온화(温和)한 말로 조용히 한번 설명할 것이오、 집안식구에게 또 이야기하면 이는 자부(子婦) 흉보는 것같으니라。

내 속으로 나온 자식이라도 네 마음과 같지 못하거늘 남의 자식의 일동(一動)일정(一靜)을 어찌 네 마음에 진선(盡善)진미(盡美)하게 하여 조금도 틀림없게 하리오、 현철(賢哲)한 며느리는 예법(禮法)과 대의를 알아서 구고를 잘 봉양하나니 더 교훈할게 없으나 용우한 며느리는 교훈을 하여야 할터이라、 교훈하기가 극히 어려우니 한번 일러 청종(聽從)치 못하는 고로 지재지삼(至再至三) 수다한 지경에 이른즉 제 칠칠치 못한 생각은 아니하고 시모(媤母)가 저를 미워서 그리하는 줄로 인정하여 온정이 소원하기 쉬우니 그러한 위인(爲人)은 다심(多心)하게 일러 가르칠 생각을 말고 혹 잘못 하는 일이 있다 하더라도 남을 대하여 말을 하면 흉보는 것과 같고 또 제 마음도 불쾌히 여길 것이니、그렇게 하지 말고 잘하는 일이 있거든 보는 대로 칭찬하고 남을 대하여서라도 시부모 잘 봉양하고 시집살이 잘하는 양으로 자랑하면 제 마음이 화설하여 범어사(凡於事)에 한층 더 잘하려고 하며 집안이 화목(和睦)하나니라。

며느리 처음 들어와서 시어머니가 엄하게 굴어서 시집살이가 어려우느니、시어머니가 몹시 굴어 견딜 수가 없느니、하며 매우 괴롭게 여기다가 차차 가르칠 것 다 가르치고 배울 것 다 배우면 행동범절과 가사범백(家事凡百)이 다 시집법도에 여합부절(如合符節)하여 안목에 벗어나지 아니한즉 구고가 더 교훈할 것이 없어 자연 잔소리하는 말이 없어지고 잔소리 하는 것이 없어지면 화평한 말씀이며、은애(恩愛)한 정의만 발생하여서 우리 구고 같으신 분 세상에 또 없으신줄로 알고 우리 시가집 같은 시집 어디 있을까?하나니라。

시속(時俗)이 흔히 며느리의 위인(爲人)이며 성질이 어떠한지 자세히 알지 못하고 처음 와서는 세상없는 별사람(別人)이나 데려온듯이 우리며느리니、내 며느리니 하면서 떠들어 받드다가 하루、이틀 지내보고서야 점점 귀여워하는 모양이 감하하여지며 그제서야 가르치노라고 잔소리하기를 시작하고 고부간에 점점 반목반순(反目反脣)하는 지경이 되나니 처음부터 호되게 가르치는 것만 못하니라。

며느리 늙어서 시어미가 되거늘 어찌하여 제가 지내왔던 지난 일을 생각치 못하나。

十三、동기 대접하는 법(同氣待接法)

인가(人家)에 동기 화목하고 아니 화목하기는 다 부인에게 달렸나니라。

같은 부모의 기혈(氣血)을 받아 나서 같은 어미 젖(乳)을 먹고 자라며 의식(衣食)을 같이하여 한품에 자고 한상에서 밥을 먹으며, 서로 이끌어 다닐 때는 우애 지극하여 잠시만 못보면 서로 부르며 찾고, 서로 떠날 줄을 모르다가 취실(娶室)하여 자녀를 버려두매, 동생에게 향(向)하는 마음이 점점 감하여 심한즉 구수(仇讎)같이 아나니(知) 어찌 부녀(婦女)의 죄가 아니라 하리오。 극히 조심하여 고맙던 일은 명심불망(銘心不忘) 하고 노엽던 일은 흉중(胷中)에 새기지말고 다 풀어 버리며、 음식재물 간에 의를 상케 말지어다。

내 자식을 길러보면 아니 어여쁜 것이 없고 한술 음식이라도 고루고루 다 먹이고 낱낱이 사랑하나니、 이러한 부모의 마음을 생각하면 어찌 동기를 우애(友愛)치 아니리오。 음식을 보거든 형제 나눠먹고、 제 자식만 먹이지 말지니라。 옛 사람은 동기가 각거(各居)하는 일 없고 혹 분재를 말하면 변괴로 알더니 근래는 사람들의 생활양식이 변함에 따라 의례각거

(依例各居)하는 것이 옳은 줄로 아느니라。

율곡선생(栗谷先生)이 동기라 하는 글을 지으사 가중(家中)의 제일로 가르치고 계시니 후세인(後世人)은 그대로는 못하나 동기가 이렇게 소중한 줄이나 알아둘 지니라。

비복(婢僕)과 전택(田宅)은 각기 나누어 가진 후라도 다투(爭)는 일 있으므로、뽕나무와 실(絲)붙이라도 그 정의(情誼)를 상(傷)하는 자가 있으니 각별 조심하라。각각 분재한 후 혹 동생(同生)이 적중치 못하여 가산을 패(敗)하고 다시 구함이 있어도 원심(怨心)을 두지말고 고쳐 다시 이루어 줄지니 부디 난처(難處)히 여기지 말 것이니라。부모가 자식에게 미안(未安)해 하시거든 자로 간(諫)하여 풀으시게 하고 내 비록 동생의 그름을 볼지라도 가장(家長)에게 전하여 의를 상케 말지니라。동생들 중에 대단광망(大段狂忘)한 이 있어도 한결같이 우애하고 추호도 겨루지 말지라、지성(至誠)으로 화목(和睦)하면 도척(盜跖)이라도 감동하니라。

十四、동서 대접하는 법(同姒待接法)

제사지간(姊姒之間)은 동서를 제사라 함。남남끼리 모였으나 부모를 섬기나니 그 정의가 골육지간(骨肉之間)이나 다름이 없나니라。맏동서는 극히 우대하여 존고(尊姑) 버금으로 알아 섬기나니라。

동서지간에 틈이 나기는 음식 따위에서 나나니、부디 조심하여 한 숟갈이라도 나눠(分)먹는 마음을 가졌으면 정의가 변함이 없나니라、맏동서를 유심히 두렵게 생각하여 애혈(愛恤)하면 아랫동서는 존고지 차(次)로 알아서 의망(依望)하면 정의가 더 지극하여 지나니라。

아랫동서는 매사를 맏동서에 품하여 하고 앉을 때 맏동서와 같이 앉지 못하고、행하매 먼저(前) 못하고 집안 수고(手苦)로운 일을 미루워 하지 말고 구고가 편벽으로 사랑하시는 동서 있거든 추호도 시기(猜忌)말고 구고의 뜻을 받자와 극진히 공경할지니라。

시누이(媤妹)와 오라버니의 사이가 좋기는 대단히 어려우니 각별 상심하고 시누이가 무식하게 굴어 불협한 일이 있을지라도 용심(用心)을 편히 하여 정의를 상하지 말지니라。 매부(妹夫)란 내 집의 백년손(百年客)이라 구고가 과대(過待)하실지라도 의례히 할일로 알고 극진히 대접하여 부모 사후라도 한결같이 할지니라。 구고(舅姑)가 내 것을 다른 동서에게 주시거든 추호도 아까운 마음을 두지말고 태연히 굴지니라。 곡식과 재물은 쓰다가 없어지고 없다가도 생기거니와 몸은 죽어지면 다시 오지 못하나니 무엇이 귀하여 동기지간에 상실함이 있으리오。 동생과 나(我)는 한몸으로 나누었으니、 의복음식을 다 같이는 못하나 어찌 마음이 간절치 않으리오。 대저 형우제공(大抵兄友弟恭)이 으뜸이니라。

속담에 이르기를 내리사랑은 있어도 치사랑은 없다하니 재하자(在下者)가 공순하여야 웃 사람이 더 사랑하고 노(怒)함이 있었더라도 후회(後

悔)하나니라。

十五、이웃 교제하는 법(隣里交際法)

천하만물이 모두 서로 의지하며 살아야 하나니 어찌 사람이 홀로 고독히 살리오。그러하나 이웃이 어질고(仁) 아름다워(美)야 좋은고로 공자(孔子)말씀에 이인(里仁)이 위미(爲美)라 하시고 이웃을 갖추고 살라 하셨나니、대저 이웃이라 하는 것이 그 관계되는데 심히(甚)중한지라 예(禮)다운 풍속을 서로 보아 가르치며 덕(德)의 일은 서로 권(勸)하며、환난에 서로 구원(救援)하는 것이 인리상거(隣里相居)하는 의무(義務)로다。

수화도적(水火盜賊)과 우환사망(愚患死亡)이 제일 급한 일인데 일가권당(一家眷黨)은 지극히 친절하나 상거(相居)가 서로 초원(稍遠)한 즉 서로 구급하여 줄 수가 없고 이웃에 사는 이는 비록 소원한 타인이지 마는

급한 환난은 서로 구호하기로 이르기를 이웃 사촌이라 하니 어찌 소홀히 대접하리오。교제(交際)하기가 극히 어려우니 이사람 저사람 이라도 좋다、저도 좋다는 식으로 문란하게 되면 번잡하기 쉽고、그 중에 친소애증(親疎愛憎)의 분별이 있으면 시비원망이 무서우니라。한잔 술(酒)에 눈물나고、말(言)한마디에 인심(人心)나나니、적은 음식 고루고루 나누워 한사람이라도 빼지 말라。

구차한 이웃사람 흉보아 웃지말고 이웃사람 좋아하여 우대말고 좋은 말、그른 말 남의 공론(公論) 말 것이니 가는 말이 고우면 오는 말도 고운지라、더덕더덕 주워서 인심얻고 주지않아서 인심 잃을까、조석때 오는 사람 그냥가면 서운하고、인정도 박절하니 유무상자(有無相資)하면서 추이칭대(推移稱貸)하게 하라。

남의 기물(器物)빌려다가 곱게 쓰고 즉시 주며、내 전곡 꾸워주고 성화독촉 군말 말라。문전걸식하는 사람 흙 뿌려서 구축말고 동냥아치 돈

(錢)한푼 줄지라도 던져 주지 말지니라、옛 성인(聖人)의 경계로다 내몸
조심 지극히 하여 성경(誠敬)으로 대접하면 누가 칭찬아니하리오。 이웃
이 칭선(稱善)하면 일면(一面)칭선 하나니 이웃교제가 어려울까?

제二편 칭호 및 혼례

一、官階稱號

(正一品) 大匡輔國崇祿大夫 輔國崇祿大夫이며

(從一品) 崇政大夫·崇祿大夫이라 그 妻는 貞敬夫人

(正二品) 正憲大夫·資憲大夫

(從二品) 嘉義大夫·嘉善大夫 그 妻는 貞夫人

(正三品) 通政大夫·實職에 秘書院丞、堂上議官、折衝將軍이니 그 妻는 淑夫人이다。

(從三品) 通訓大夫·中直大夫、中訓大夫。禦侮將軍、建功將軍、保功將軍、實職郡守、參書官、侍從官이니 그 妻는 淑人

(從四品) 朝散大夫、朝奉大夫、定略將軍、宣略將軍이며 그 妻는 令人

(正五品) 通德郞、通善郞

(從五品) 奉直郞、奉訓郞이라 그 妻는 恭人

(正六品) 承議郞·承訓郞

(從六品) 宣教郞·宣務郞。 그 妻는 宜人

(正七品) 務功郞

(從七品) 啓功郞이라 그 妻는 安人

(正八品) 通仕郞

(從八品) 承仕郞이라。 그 妻는 端人

(正九品) 從仕郞

(正四品) 奉正大夫、奉列大夫、振威將軍、昭義將軍、

(從九品) 將仕郎이니 그 妻는 孺人(俗에 端人으로 行함)

二、四代稱號

一、父死曰考、母死曰妣니 考妣의 祭祀祝文에 奉祀하는 아들이 자칭 孝子니 孝子는 長子와 長孫의 자칭

二、父의 父母는 나에게 祖父요 祖母니 死後는 祖考요、祖妣라 그 祭祀祝文에 奉祀하는 손자 자칭 孝孫

三、祖父의 父母는 나에게 曾祖父요、曾祖母니 死後는 曾祖考요、曾祖妣라 그 祭祀祝文에 奉祀하는 증손자 자칭 孝曾孫

四、曾祖父의 父母는 나에게 高祖父요、高祖母니 死後는 高祖考요 高祖妣

라。그 祭祀祝文에 奉祀하는 고손자。자칭 孝玄孫 이상 高祖考妣已上 五代에서 至遠代 祖考妣까지 그 봉사하는 長子와 長孫子다。考妣라 쓰되 其他 傍親 삼촌과 숙모와 증조부모에 대하여는 모두 考와 妣를 쓰지 못하고 生前과 같이 父라 母라고 쓰고 出系人이 그 本生父母에게도 같다。

三、婚姻門

古者에 民無男女之別이러니 太昊伏羲氏가 嫁娶法을 制定할새 儷皮로서 納幣하고 不娶同姓하고 媒妁으로 通議하여 人倫의 根本을 바루고 男女를 有別케 했다。

四、婚姻(혼인)편지書式(서식)

혼인편지 왕복에 대하여 元幅(원폭) 白紙(백지) 厚紙(후지)로 접어 사연 맞게 쓰되 近俗(근속)한 문 초서가 貴(귀)한 故(고)로 半行(반행)으로 쓰고 元幅(원폭) 피봉(皮封)에는 주소와 성호(住所 姓號)를 쓰지 말고 謹上狀(근상장)을 쓰고 또 白紙(백지) 한장으로 사방 서두정케 하고 元幅婚簡(원폭혼간)을 方正(방정)이 싸서 봉하고 그 外皮封(외피봉) 앞면에 석줄로서 오른편 첫 줄은 저곳 住所(주소) 쓰고 가운데 줄은 저 곳의 姓號(성호) 밑에는 下執事(하집사)라 쓰고 그 왼편 끝 줄에는 처자서 이곳 주소 쓰고、그 外皮封(외피봉) 뒷면에는 한 가운데에다 편지 보낼 때 년월일을 쓰고 봉한 어구에는 謹封(근봉)을 쓰느니라。

婚姻書式(혼인서식)에 대하여 설사 전일 친면이 恪勤(낙근)하여도 納采(납채)(봉채)하기 전에는 年月日(년월일)은 편지 원문 끝줄에 쓰고 貫本姓(관본성)은 첫줄에 약간 내려서 쓰되 士大夫(사대부) 집에서는 請婚(청혼)편지부터 아무 관향 아무 姓字(성자) 끝에 着啣表(착함표) 한자를 놓되 이름이 두자면 行列字(행렬자)는 쓰지 말고 남은 한자만 篆字(전자)모양으로 그리고 이름은 쓰지 아니하니 이는 舊式公文(구식공문) 왕북에 上下(상하) 물론하고 行(행)하는 것이라。 納采時禮狀(납채시례장)부터 처음으로 아무 관향 姓名拜(성명배) 쓰고 成婚(성혼)뒤에 첫 사돈지부터 편지 사연 끝줄 年月日(년월일) 밑에 査弟(사제)라 쓰나니라。

五、郎氏家(랑씨가)에서 請婚書式(청혼서식)

(안피봉 前面(전면)에) 謹上狀(근상장)(봉한 어구에 謹(근)자 쓰고 봉치 말것)

(왼쪽 안면 첫줄 처자서) 아무 관향 後人(후인) 아무 姓名(성명) 寫(싸인)

※ 싸인은 着啣(착함)의 表(표)이니 가령 이름자에 守(수)자가 들어 있으면 이와같이 하는

것임。

伏惟茲辰(복유자진)에

尊体動止(존체동지)가 萬旺(만왕)하십니까。 仰溯區區(앙소구구) 無任之至(무임지지)로소이다。

第家兒親事(제가아친사)는 尙無指當(상무지당)이러니 得聞(득문) 아무곳 某姓氏(모성씨) 閨秀(규수)가 淑哲云(숙철운)하니 幸(행)

須爲人謇修(수위인전수) 하여 仁至合姓之好(인지합성지호)가 如何(여하)오 不備伏惟(불비복유)

尊照(존조) 謹上狀(근상장)

年(년)

月(월)

日(일)

外皮封前面書式

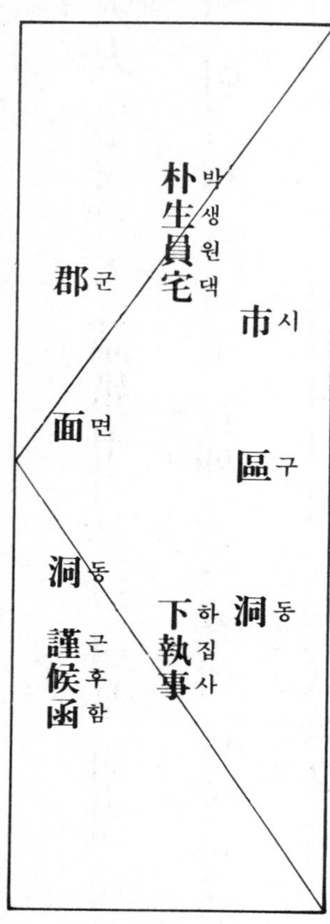

청혼시 외피봉뒷면 가운데에 年月日 請柬이라 쓰고 봉한 어구에 謹封이라 쓴다。

※ 이 請婚(청혼)편지 外皮封(외피봉)에 아무 성 무슨 벼슬은 媒者人(매자인)의 姓(성)을 쓰나니 女氏(여씨)의 許婚(허혼)편지부터 郞氏家姓(랑씨가성)을 쓰고 四星(사성)편지부터 女氏家姓(여씨가성)을 씀。

六、女氏家(여씨가)에서 許婚書式(허혼서식)

(안피봉 전면에) 謹上狀(근상장)(봉안어구에 敬(경)자 쓰고 봉하지 말것)

(원폭 안면 첫줄 처자서) 아무 관향 後人(후인) 아무 姓(성) 싸인

伏惟辰下(복유진하)에

尊体震艮(존체진간)이 萬寧(만령)하십니까。仰溯區區無任之至(앙소구구무임지지)외다。

第親事(제친사)는 指導勤誠(지도근성)하니 豈不聽從(개불청종)이리요。星單(성단)을 俯示(부시)가 如何(여하)오 不備伏惟(불비복유)

崇照(숭조)하고 謹上狀(근상장)하오니다。

年(년) 月(월) 日(일)

七、郎氏家에서 女氏家許婚편지의 答狀과 四星書式

(내피봉 전면에) 謹拜 上狀(봉한 어구에 謹자나 肅자를 쓰고 봉치 말것)

(원폭 안면 첫줄 처자서) 아무 관향 後人 姓名 拜

拜承

華翰하니 感頌何極이리요、伏惟此際에 尊体動止가 萬安하십니까。 伏慰且

溯에 區區之極이외다。

第親事는 既至問庚하니 果是緣也라 星甲은 依教別呈하니 涓吉을 示下가

若何오 不備伏惟 崇照하고 謹謝上狀

年 月 日

八、郎氏四星書式

(내피봉 전면에) 四星(두자만 쓰고)

(윗 안면 첫줄 처자서) 아무 관향 姓 싸인(이는 주 혼인 함자표)

『例』 甲子二月 初九日 寅時生(신랑될 郎子의 生年月日 時를 씀)

年 月 日 時

原

年 月 日(이것은 편지 쓰는 날)

※ 외피봉은 전례와 같이 하고 뒷면에는 년월일 四星同封이라 쓰고 편지와 四星을 동봉하여 같이 색보에 싸서 보낼 것。

九、女氏家(여씨가)에서 郞氏家(랑씨가)의 四星(사성) 받고 택일하여 涓吉(연길) 보내는 書式(서식)

(내피봉 전면에) 謹上狀(근상장)(封(봉)한 어구에 謹(근)자 써서 봉치 말것)

(원폭 첫줄 처자서) 아무 관향 後人姓(후인성) 싸인

伏惟辰下(복유진하)에

尊体動止(존체동지)가 萬禧(만희)하십니까。 仰溯無任之至(앙소무임지지)외다。

第親事(제친사)는 涓此星期別呈(연차성기별정)하니 實天緣也(실천연야)라 依章(의장)을 示之(시지)가 若何(약하)오。 不備伏惟(불비복유)

崇照(숭조)하고 謹上狀(근상장) 하외다。

年(년) 月(월) 日(일)

⊙ 涓吉書式(연길서식)

(내피봉 전면에) 涓吉(연길)(두자 쓰고)

(원폭 안면에) 涓吉(연길)(또 쓰고)

奠鴈(전안)은 年月日(년월일) 日辰(일진) 時大吉(시대길)

納采(납채)는 年月日(년월일) 日辰(일진) 大吉(대길)

周堂(주당)은 吉(길)(형편에 따라 맞게 쓸 것)

年(년) 月(월) 日(일) 관향 姓(성) 싸인

※ 외피봉의 書式(서식)은 전례와 같이 하고 뒷면에는 년월일을 쓰고 涓吉同封(연길동봉)이라 쓰고 편지와 涓吉(연길)을 同封(동봉)하여 색보에 싸서 보낸다。

十、郎氏家(랑씨가)에서 女氏宅(여씨댁) 涓吉(연길) 편지 보고 諺文(언문)으로 依樣(의양)써 보내는 書式(서식)

(내피봉 전면에) 謹拜上狀(근배상장)(封(봉)한 어구에 謹(근)자 쓰고 봉하지 말것)

(원폭 안면에 첫줄 처자서) 아무 관향 後人(후인) 姓(성) 싸인

伏承(복승)

華函(화함)하니 誠切感珮(성절감패)라 伏惟兹辰(복유자진)에 尊体震艮(존체진간)이 萬寧(만녕)하십니까。伏慰區區(복위구구)에 不任之至(불임지지)외다。第(제) 親事(친사)는 既受旭擇(기수욱택)하니 將占萬福之源也(장점만복지원야)라 依章(의장)은 依(의) 教別録耳(교별록이)라 不備伏惟(불비복유) 尊照(존조)하고 謹謝上狀(근사상장)하외다。

年(년) 月(월) 日(일)

⊙ 衣樣書式(의양서식)(언문으로 따간폭에 쓰는 것)

(안피봉 전면에) 의양(두자 쓰고)

(원폭 안면 첫줄에) 의양(다시 쓰고)

도포지여 뒤깃밑 **길이** 몇 자 몇 치 낙낙

지여 뒤품 몇 치 낙낙

지여 진동 몇 치

지여 **소**매하장 한자 몇 치

원 년 월 일 관향성

※ 외피봉의 견양서식은 전례와 같이 하고 뒷면에는 년월일 **依樣同封**(의양동봉)이라 쓰고 편지와 **依樣**(의양)을 **同封**(동봉)하여 저 곳에서 온 편지보에 싸서 함에 넣어 저 곳 하인편에 보낸다。

十一、郎氏(랑씨)의 父親(부친)이 主婚(주혼)되어 長子(장자)의 初娶禮狀書式(초취례장서식)

관향 后人姓名拜(후인성명배)

時惟孟春(시유맹춘)에(때에 맞추어 쓸 것)

尊体百福僕之長子(존체백복복지장자)(이름 아무) 年既長成未有伉儷伏蒙(년기장성미유항려복몽) 尊慈許以(존자허이)
令愛貺室茲有先人之禮(령애항실자유선인지례) 謹行納幣(근행납패) 之儀不備伏惟(지의불비복유) 尊照(존조) 謹拜上狀(근배상장)

年(년) 月(월) 日(일)

※ 主婚(주혼)이 삼촌이면 侄(질)、 조부면 孫(손)、 형이면 弟(제)라 쓰고 主婚(주혼)이 삼촌이면 令愛(영애)를 令侄女(영질녀)、 조부면 令孫女(영손녀)、 兄(형)이면 令妹(영매)、 만일 당이면 令族侄女(영족질녀) 族孫女(족손녀)라 쓰고 令愛(영애)는 남의 딸을 尊稱(존칭)하는 말이다。

禮狀(예장)은 婚書中(혼서중)에 제일 소중한 것이므로 좋은 장지(한지) 두장을 절반 접어 四折(사절) 내어서

一折(일절)은 섭서두하고 길이대로 大東(대간)을 접어 廣(광)은 네손가락만큼 하고

一折(일절)은 섭서두 하고 大東(대간) 원폭대로 한불 싸서 위 아래 통한 피봉 만들고

一折(일절)은 섭서두하고 八間(팔간)을 알맞게 접어 玄纁物目(현훈물목)을 쓰고

一折(일절)은 섭서두 하고 띄피봉 三枚(삼매)를 만들되 長(장)이 針尺(침척)의 一寸五分(한치오푼)씩 方正(방정)케 재단하여 원폭 피봉 上中下(상중하)에 꽂아 각기 謹封(근봉)쓰나니 이것을 三謹封(삼근봉)이라 한다。

十二、玄續物目書式(현훈물목서식)(이 물목은 피봉없이 그냥 접어 원폭속에 넣는 것)

八間(팔간) 접은 柬(간)지 둘째칸에 物目(물목) 쓰고

셋째칸에 玄(현) 쓰고

넷째칸에 纁(훈) 쓰고

다섯째칸에 際(제) 쓰고

여섯째칸에 年月日(년월일) 아무 관향 姓(성) 싸인

外皮封前面書式

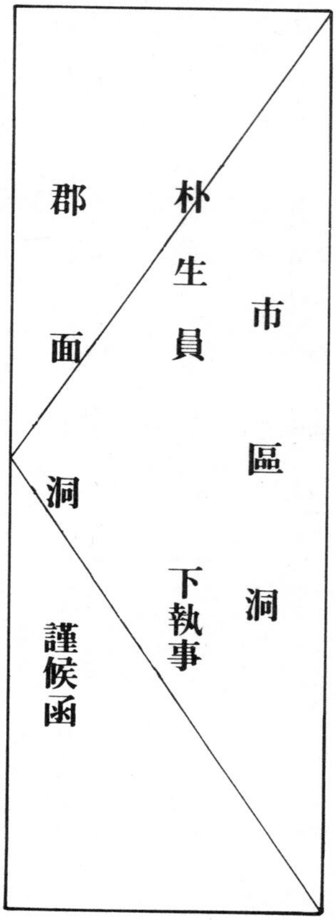

외피봉 뒷면 한가운데 年月日 쓰고 봉한 어구에 謹封이라 씀。

이 허혼편지는 외피봉 써서 붉은 비단 보자기에 싸서 중매인에 부송할 것。

十三、納采(납채) 봉해서 보내는 규식

납채에 현 훈을 봉하되 남색비단 한필은 푸른 색지에 싸서 청색 당사로서 환생결 매듭 맺고、홍색 비단 한필은 붉은색지에 싸서 홍색당사로서 환생결 매듭을 맺나니 당사 없으면 명주실에 청·홍물 염색하여 쓴다。

봉채는 소중한 것이라 혼함안에 정한 색보를 걸쳐 펴고 그 위에 흰 종이 한장 펴고 종이 위에 예장편지를 색보자기에 싸서 方正(방정)이 놓고 그 위에 다시 종이 한장을 펴고 그 위에 玄纁(현훈) 양단을 방정히 들어놓고 속 보자기 네 귀를 거두어 덮고 竹(대)쪽을 깎아서 雪綿子(설면자) 감아 十字(십자)로 함 안의 귀에 맞게 걸치고 함 뚜껑을 덮어 開金(개금)을 봉하고 함을 다시 큰 정한보로 네 귀에 맞게 싸서 매고 白綿布(백면포) 二十一尺(이십일척) 或(혹) 十九尺(십구척)으로 질방하여 매고 혼서함 지는 사람은 복 있는 사람을 택정하고 納采(납채)날에 女氏(여씨)댁에 가느니라。

十四、사돈에게 편지쓰는 법(査頓紙)

상장(上狀) (딸가진 사돈이 아들가진 사돈에게)

외람히 성히 권애하오신 후의를 입사와 진진(秦晋)의 좋은 의(誼)를 맺었사오니 지극황감해 하오며 연하여 거느리시고 체절(體節)이 태평하시고 택내균안 하시옵니까? 향념(向念)일시도 부리지 못하오며 이곳은 혼실(渾室)이 무고하옵니다。 여식(女息)은 견문없이 성장하여 배운것 없사오니 존문(尊門)에 들어가 어른 격정시킬 일(事) 대단무안(無顏)하오나 인후하오신 덕도(德度)로 용서하여 잘 교훈(敎訓)하오실듯 믿습니다。 수요중(搃撓中) 이만 그치오니 내내 기운평안(氣運平安)하온 기별(奇別)있으시기 바랍니다。

년 월 일 사돈 성(姓) 상장

十五、사돈지(査頓紙) 답상장(答上狀)

먼저 보내신 글월 받아 뵈옵고 송연(悚然)함을 이기지 못하오며 일길진양(日吉辰良)하와 대례(大禮)순성(順成)하오니 양가(兩家)의 경행(慶幸)이옵니다。 혼요중(婚撓中) 기운평안(氣運平安)하시고 대도균안하하시오니 위하만만(慰賀萬萬)이오며 이곳은 아무일 없읍니다。 애중(愛重)하시는 요조영애(窈窕令愛)를 곱게 잘 교육하고서 돈견(豚犬)같은 아자(兒子)에게 짝을 허락하시니 감사하고 부끄럽사오며 지금 이후로는 두집이 무이일실(無異一室)이온즉 자녀간에 혹시 미흡한 일이 있더라도 서로 교훈함이 옳사옵니다。 저과히 겸사(謙辭)하시며 도리어 참괴함을 이기지 못하나이다。 사연 많으나 총요(怱撓)이만 적으니 내내 태평 하오심을 축수(祝手)합니다。

년 월 일 사돈 성 답상장

十六、사위 재행 청하는 편지

상장

향자(向者) 혼례 이후 연신(連信)이 적조하오니 주요의 일념향앙하오며 요즈음 일기 화창 하온데 거늘어시고 기운 평안하시오며 바깥(外)사돈 기력도 강건하오시고 대도일안하오시며 여식은 어른 걱정을 얼마나 시키는지 두루 염려 궁금하오며 이곳은 한가로이 지내오니다。행하오이다。자제 서방님(子弟書房任)은 혼요중 뵈옵고 아릿다운 풍체와 현앙한 기상이 눈에 암암하여 잊지(忘)못하오나 자연분요하와 재행(再行)을 즉시 못청하옵고 지금에야 인마(人馬)를 보내오니 불민하옵니다。사연 많으나 이만 그치옵니다。

년 월 일 사돈 성 상장

十七、답상장(答上狀)

오래 적조(積阻)하여 천리같이 아득하고 궁금하던차 글월 받자와 친변수작이 온듯 기쁘기 한량없사오며 일간에 체절이 태평하옵시며 바깥사돈께옵서 체절이 강왕하옵시고。택내일안들 하시옵니까? 향념간절(向念懇切)이오며 이곳은 사랑에서 체증(滯症)으로 수일 편치 못하오시니 민답(悶畓)하옵고 아이들은 무고하오니 행이오나이다。혼인후 재행은 전례이오나 어찌 조만(早晩)이 있겠읍니까?·공부하는터에 여러날 폐공하기 어렵사오니 수일간 곧 다시 보내주시기 바랍니다。숫자(數字)마치오니 내내평안하옵심을 축수하옵니다。

년　　월　　일　　사돈　　성　　답상장

十八、사위에게 하는 편지(女婿에게)

대체시분(大體時粉) 요중(撓中)뵈옵고 탐탐 정회(情懷)를 다 펴지 못하여 지금껏 섭섭한일 많았고 그간 적조하온데 연하여서 시봉신상(侍奉身上) 평길(平吉)하오시고 대도제절이 태평들 하시온지 궁금 향념일시도 부리지 못하며 이곳은 아무일 없고 아해출실 하오니 행이오이다。하는것 없이 날로 골몰하여 하인도 즉시 부리지 못하옵고 오늘에야 겨우 보내오니 왕임(枉臨)하오심 바라나이다。

반가이 뵈올듯 수자 그치나이다。

년 월 일 빙모(氷母)성 봉장(奉狀)

제三편 상사(喪事)

一、초상에 하는 일(初喪에 行하는 法)

부모의 원행하실 의복(衣服)을 미리 유념(留念)하여 형세있거든 수의(襚衣)부터 하여 장만하고 형세(形勢)없어도 일년에 한가지 씩이라도 하여 둘지니 사람의 사생(死生)은 노소(老少)가 없는지라 창졸간에대고(大故)를 당하면 어찌하리오。 근래 한 효부(孝婦)가 있으니 집이 빈궁한 중 구고(舅姑)의 상을 당하여 지아비가 망극(罔極)중 감당할 계책(計策)이 없어 더욱 망조(罔措)하여 하더니 그 내상(內相)이 미리 유념하여 두었던 포목(布木)을 내어드리여 초상을 예(禮)대로 치루니 이는 상인도 모르게 효부、(孝婦) 혼자 년년이 유념하고 저축(貯蓄)한 것이라 이러한 부인의 일은 효측(效則)하라 정성을 마지막 극진히 다할곳이 초종장사(初終葬事)밖에 부모봉양할 날이 다시 없으니 생시에 못다한 효성을 이제 다 아니하고 어느 곳에 할까 하물며 이길은 한번가면 다시 돌아오지 못하나니 인자 정리(人子情理)에 어찌 진력(盡力)지 아니하리오。 창졸에 미쳐 주선(周旋)치 못하여 미진한 일이 있으면 종신토록 유한이 되는 법이니라。 친척(親戚)과 붕우(朋友)라도 멀리 떠나가면 아낄것 없이 챙겨 보내라 하거늘 항차(況此) 친상에야 어찌 극진치 아니하리오。 초종예절(初終禮節)은 일정예문대로 할지니라。 인자(人子)가 부모상(父母喪)을 다 당하는 터이로대 철모르고 미거(未袪)한 것들이 부모가 항상 살고 죽지 아니할 줄만 알고 이런 생각 없다가 불의(不意)에 상고(喪故)를 당한즉 망극망조 (罔極罔措)히 예를 차리지 못하고 능히(能) 서러운 줄도 모르고 어찌할 줄 모르나니 어찌 사람이라 하리오。 부모 구고상(父母舅姑喪)에 극진히 하고 조석(朝夕) 상식(上食)을 생시와 같이 지성(至誠)으로 받들되 신도(神道)는 정결함을 흠향하나니 더욱 조심하여 정성을 지극히 할지니라。

초상(初喪)의 절차는 병환(病患)이 침중하여 어찌 할 수 없이 위태한

지경이 든 집안을 요란히 하지말고 내외(內外)가 안정하게 하여 병자에게 무슨말이 있는가 물어서 자세(仔細)히 기록하여 두나니 이것이 유언이니라。 남자는 부인의 손에 운명(殞命)을 아니하고 부인은 남자의 손에 운명을 아니하는게 예법인 고로 운명할 승시(乘時)에 잠간피(暫間避)하나니라。

새솜으로 입과 코를 덮으며 새옷을 덮어서 기식(氣息)이 아주 끊어진 후에 수시(收尸)하나니 백지와 새솜으로 면상(面上)을 덮고 두상을 단정이하여 비뚤어지게 하지 말고 백지로 두어깨를 단단이 동이고 두팔과 두손을 바르게 펴서 두손을 모아 놓고 두다리를 곧게 펴 놓고 두 발을 단정히 모아 백지로 단단이 동이어서 이그러지게 하지 말고 이불(여름이면 혼이불、겨울이면 솜이불)로 덮고 사환(使喚)이 망인의 웃옷을 좌편 손으로는 옷깃을 잡고 우편 손으로는 옷허리를 잡고 집추녀에 올라서서 북향하여 옷을 두루며 크게 길게 불러 말하기를(모관모공 혹은 유학모공 부인은 모씨) 세번(三次)부르고 그 옷은 가져다가 시체위에 덮고 무수히 곡지통(哭之痛)하고 시체를 시상(尸床)에 뫼실새 머리는 남편으로 시체 상하를 바르게 단단히 동이여 기울어지게 하지 말고 이불을 덮고 병풍으로 둘러막아 외풍을 쏘이지 말게 하고 방에 불을 덥게 하지 말고 처자(妻子)와 자부(子婦)가 다 발상하나니 피발단문(被髮袒免)하되 출계(出繼) 양자간 아들과 출가(出嫁)한 딸은 필발(被髮) 아니 하나니라。상인은 흰도포(白道袍)나 주의(周衣)를 입되 외관상에는 좌편억제를 엇매고 내간상에는 우편억제를 엇매나니라。

곧 집자리 집벼개하고 복인(服人)들은 금은패물(金銀佩物)과 화려한 의복을 폐기하고 미음(米飮)으로 시체에 전(奠)을 올리고 친척과 친구에게 부고(訃告)하고 염습(斂襲)한 후에 상인들이 피발한 머리를 거두어 꼿고 비두건(布頭巾) 비중단(布中單)을 입고 입관 후에 성복(成服) 할새 영연(靈筵)을 배설하나니 교의(交椅)제상 향상 향료 향합 촛대를 버려놓고 혼 백을 접어 상자에 넣어서 교의(交椅)에 뫼시고 명정(銘旋)을 써서 세우고 내외상인(内外喪人)과 복인(服人)들이 각각 상복을 입고 성복전을 지내나니 제물(祭物)은 칭가유무(稱家有無)로 차리나니라。

조전(朝奠)올리니 애곡(哀哭)하고 아침상식 올리고 저녁상식 올리고 조금 있다가 석전(夕奠)올리고 영금(靈今)을 펴고(생시와 같이 금침을 펴놓나니라)나와서 석곡(夕哭)하나니라。 아침 개동시(開東時)에 조곡하고 빈소(殯所)에 들어가 영금을 도로 개여 놓아 생시와 같이 하나니 장전(葬前)에 그렇게 하되 조석곡만 소상날까지 하나니라。 장후에는 조석전을 폐지하고 장사전에는 무시(無時)로 곡을 하다가 졸곡(卒哭)을 지내면 무시곡읍(無時哭泣)을 폐지하기로 제사 이름을 졸곡이라 하나니라。

성복후에 시체를 빈소로 뫼시나니 혹 가빈도 하고 혹 밖에(外處) 나가서 모래(沙)로 덮기(覆)도 하고 莎(때장)으로도 덮기도 하나니라。

二、장사 지내는 절차법(葬事節次)

예법에 대부(大夫)는 삼월이장(三月而葬)(석달만에 장사 지내고) 사서인(士庶人)은 유월이장(踰月而葬) 한달 지낸 후에 장사지내나니라。

(1) 계빈축(啓殯祝) 발인전기일에 조전 올릴 때 행한다。

今以吉辰遷柩敢告(금이길진천구감고)

(2) 조조축(朝祖祝) 감모에 하직한 예

請朝祖(청조조) 명정 및 혼백을 모시고 사당 앞에 가서 모든 상인이 통곡하고 돌아오는 예

(3) 천구축(遷柩祝)

請遷柩于廳事(청천구우청사) 청사가 없으면 관만 조금 옮긴다。

(4) 조전축(祖奠祝) 일모시 저녁때 친척、친구가 모두 참석한다。

永遷之禮今辰不留今奉柩車式遵祖道(영천지례금신불류금봉구거식준조도)

(5) 천구취여축(遷柩就擧祝)

今遷柩就擧敢告(금천구취여감고) 상인 이하가 모두 곡하며 좇아나오니라。

(6) 견전축(遣奠祝)

靈輀旣駕往卽幽宅載陳遣禮永訣終天(영이기가왕즉유택재진견례영결종천)

(7) 개기사토지축(開基祠土地祝)

維歲次(유세차)(干支)(간지) 月(월)(干支)(간지) 朔日(삭일)(干支)(간지) 幼學(유학)(姓名)(성명) 敢昭告于(감소고우)

土地之神(토지지신) 今爲學生(금위학생)(姓某公)(성모공)內喪事孺人(내상사유인)(某封某氏)(모봉모씨)(관직 있으면 모관모공)

內喪事(내상사)에는 某夫人(모부인)(모봉모씨) 營建宅兆(영건택조) 神其保佑俾無後艱謹以請酌(신기보우비무후간근이청작) 脯監祇(포감지)

薦于(천우) 神尙饗(신상향)

※ 平土後祠土地祝은 開基祠土地祝과 같이 하되 建營宅兆四字 고쳐서 窆

玆幽宅이라 한다。

(8) 題主祭祝

維歲次(유세차)(干支(간지)) 月(월)(干支(간지)) 朔日(삭일)(干支(간지)) 孤子(고자)(母喪(모상)에 哀子(애자)) 祖父母承重(조부모승중)에 父母(부모)와 같이 孤孫(고손) 哀孫(애손) 孤哀孫(고애손)) 某名敢昭告于(모명감소고우)(手下喪事敢子不用(수하상사감자불용)) 顯考(현고) 學生府君(학생부군)(官職(관직) 있으면 某官府君(모관부군) 內艱(내간)에 顯妣孺人某貫某氏(현비유인모관모씨)、 남편이 官職(관직) 있으면 某(모)夫人某封某氏(부인모봉모씨) 承重(승중)에는 顯祖考祖妣某官府君(현조고조비모관부군) 某封某氏(모봉모씨)는 父母(부모)와 같이 쓰나니라。 妻喪(처상)에는 家夫姓名昭告于(가부성명소고우) 亡室某封某氏(망실모봉모씨)、 남편 喪(상)에는 主婦某貫某氏(주부모관모씨) 敢昭告于(감소고우) 顯辟學生府君(현벽학생부군) 官職(관직) 있으면 某官某君(모관부군)) 形歸窀穸神返室堂(형귀둔석신반실당) 神主旣成(신주기성)(造主(조주)를 못하였으면 神主未成(신주미성) 魂帛仍存(혼백잉존)) 伏惟(복유) 尊靈舍舊從新是憑是依(존령사구종신시빙시의)(혼백잉존에 사구종신 네자를 빼나니라。)

(9) 初虞祝(초우축)

초우는 장사지내고 그날 곧 지내나니 집이 멀면 길 오다가 주막에서 지내나니라。

維歲次甲子(乙丑년이면 乙丑이라 하고) 三月丙子朔(初一日 日辰대로 쓰고 丁丑日이면 丁丑이라 하고) 十一日 丙戌 孤子(父喪) 名敢昭告于 顯考某官府君日月不居奄及 初虞夙興夜處哀慕不寧 謹以清酌庶羞哀薦事尚 饗

再虞는 初虞 지내고 柔日에 지내나니 乙丁己辛癸日이 柔日이라 祝文은 初虞와 同一하되 奄及再虞라 하고 哀薦虞事尚 饗하는 것이 조금 다르니라。

三虞는 再虞 지내고 剛日에 지내나니 甲丙戊庚壬日이 剛日이라 祝文은 初虞祝과 同一하되 奄及三虞라 하고 哀薦成事尚 饗이라 하는 것이 다르다。

卒哭은 喪事後 三朔만에 卒哭祭祀하니 奄及卒哭이라 하고 哀薦事尚 饗이라 하고 其外는 初虞祝과 同하되 夙興以下 八字를 改以叩地號天五情靡潰하고

만일 祔祭祀(부제사)를 지내라면 卒哭(졸곡) 지낸 翌日(익일)에 지내나니 卒哭祝文(졸곡축문) 哀薦成事下(애천성사하)에 來日隮祔于(내일제부우) 祖考某官府君(조고모관부군) 尙饗(상향)이 措語(조어)하고 母喪祔祭祀(모상부제사)에 來日隮祔于(내일제부우) 祖妣某封某氏(조비모봉모씨)라 하나니라。

祔祭祀(부제사)는 卒哭翌日(졸곡익일)에 지내나니 孫附於祖(손부어조)하나니 祖父(조부)가 生存(생존)하면 高祖(고조)에게 祔(부)하고 母喪(모상)에는 祖母(조모)에게 祔(부)하나니 祖母(조모)가 生存(생존)하면 高祖妣(고조비)에게 祔(부)하나니라。

(10) 祔祭祝(부제축)

維歲次干支月干支朔日干支(유세차간지월간지삭일간지) 孝曾孫(효증손)(종자가 주제한즉 종자 소칭대로) 謹以淸酌庶羞適于(근이청작서수적우)

顯曾祖考某官府君(현증조고모관부군)(종자가 주제하면 수소칭이라) 隮祔孫某官尙饗(제부손모관상향)(모상부계에제) 適于顯曾祖妣某封某(적우현증조비모봉모)

氏隮祔孫婦某封某氏尙 饗

(11) 告亡人祝(고망인축)

維歲次干支月干支朔日干支 孤子名謹以淸酌庶羞哀薦(종자가 주제한면에천을 근천이라고 한다。) 祔事于
顯考(종자주제 즉수소칭) 某官府君(모는현비 모봉모씨) 適于 顯曾祖考某官府君(母는 適于 顯曾祖妣
某封某氏尙 饗

(12) 小祥(소 상)

小祥은 喪事後 一基年이 小祥이라。祝은 奄及小祥(夙興夜處 아래 小心畏
忌不惰其身 八字를 加하나니라) 哀薦常事 외는 初虞祝과 같다。

(13) 大祥(대상)

大祥(대상)은 喪事後(상사후) 二基年(이기년)이 大祥(대상)이라。 祝(축)은 奄及大祥(엄급대상) 哀薦祥事(애천상사) 외는 初虞祝(초우축)과 같다。

(14) 禪祭祀(선제사)

禪祭祀(선제사)는 大祥後(대상후) 一月(한달)이 禪祭祀(선제사)이다。 祝(축)은 奄及禪祭(엄급선제) 哀薦禪事(애천선사) 외는 初虞祝(초우축)과 같고 禪祭日(선제날)은 그달 初旬(초순)에 或丁日(혹정일)이나 亥日(해일)에 지낸다。

(15) 吉祭祀(길제사)

吉祭祀(길제사)는 禪祭祀(선제사) 지내고 다음 달에 지낸다。 或(혹) 택일도 한다。

三、虞祭祀(우제사)、卒哭祭祀(졸곡제사)、小祥祭祀(소상제사) 節次(절차)

質明(질명)(동이 틀때)에 內外喪人(내외상인)과 婦人(부인)이 모두 소세정의건 하고 자리를 깔고 房外(방외)에 序立(서립) 하나니라。

朝哭(조곡)(내외상인이 애곡) 소상후는 조곡이 없고 入就哭(입취곡) 內外喪人(내외상인)과 親戚賓客(친척빈객)의 一齊哭易服(일제곡역복) 小祥(소상)에 男子(남자)는 首絰(수질)을 버리고 祭服(제복)에 負版(부판)과 벽령과 최를 떼어버리고、女子(여자)는 腰絰(요질)을 버리고 祭服(제복)과 中單(중단)을 練(련)하여 입고 帶(띠)를 숙한 삼으로 하고 기년服人(복인)들도 모두 벗는다。

祭物(제물) 前期(전기)하여 다 陳設(진설)하고

出主(출주) 신주를 독을 열고 뫼신다 함。 신주가 없으면 혼백을 열어 뫼시라。

降神(강신) 상주가 분향하고 모사에 술 붓고 곡 재배

進饌(진찬) 上食飯羹饌(상식반갱찬)을 올리나니라

初獻(초헌) 상주가 분향하고 잔을 올리니 炙(적) 올리고 哭(곡) 再拜(재배)

正箸(정저) 젓가락만 바로 놓고

啓飯羹飯羹(계반갱반갱) 뚜껑 열고

讀祝(독축) 상인이 止哭(지곡)하고 제관이 다 부복

哭(곡)

亞獻(아헌) 분향 곡 재배

三獻(삼헌) 분향 곡 재배、

유식、함문、계문、숭녕 올리고 조금 있다가 철시져 하고 신주 거두어 독에 뫼시고 혼백이면 상자에 도로 뫼시고 祝文(축문)을 소각하고

辭神(사신) 상인과 내외빈객이 일제곡 재배

四、大祥(대상)

大祥祭祀(대상제사) 節次(절차)는 小祥(소상)과 조금 다르니 朝哭(조곡)이 없고 다른 절차는 소상과 같이 하고 辭神哭(사신곡) 再拜後(재배후)에 신주를 祠堂房(사당방)으로 뫼시고 자리는 다 거두어 치우나니라。

大祥(대상)에 易服(역복)은 男子(남자)는 백립총망근 흰꾸미개 흰당줄 다듬은 배직령 포띠배행전이오、女子(여자)는 천담복이라。

禪祭祀(선제사)에 남자는 구칠립 백의백사띠라

吉祭祀(길제사)에 남여가 모두 화복이니라。

五、服制(복제)하는 法(법)

父(부)상에 참최삼년이니 극히 추한 마포(삼베)로 제복과 상복을 하되 아래가를 꾸미지 아니하고 母(모)상에 제최삼년이니 추한 마포로 제복과 상복을 하되 아래가를 꾸미나니라。

父在母喪(부재모상) 基年(기년) 十一月(열한달)되는 달에 혹정일(丁日)이나 혹 해일(亥日)을 택하여 練祭祀(련제사) 지내고 상복을 빨아 입는다。

小祥(소상) 의례법이오。

小祥(소상)은 大祥禮(대상례)로 지내어 几筵(궤연) 거두어 치우고 상복을 벗고 心喪人(심상인)의 예복을 입나니 이것이 禮文(예문)에 十一月而練(십일월이년)이오、十三月而基(십삼월이기)라 함。또 십삼월이면 二基(이기두돌)이니 大祥時基(대상시기)라 心喪人禮服(심상인례복)을 벗어 버리고 결복한다。묵립총망근 다듬은 배직령 배행정 먹물 들인 배띠 배갓끈이 심상인의 예복이니라。

家夫(지아비) 服制(복제)도 참최삼년이나 평생을 縞素(호소) 하나니라。
父早死(부조사) 하고 조부모 상사나면 손자가 승중하여 父母居喪 (부모거상)과 같이 복을 입고 祖父生存(조부생존) 조모상사 나면 그도 또 父在母喪(부재모상)과 같이 服(복)을 입는다。

基年(기년) 一基(한돌)이니 十三朔(십삼삭)이오、大功(대공)은 九月이니 아홉달이오、小功(소공)은 五月이니 다섯 달이오、緦麻(시마) 三月이니 석달이라。

基年服(기년복)은 조부모 삼촌내외、형제、아들、맏며느리、맏손자、조카 출가 아니한 딸、출가 아니한 누이、출가 아니한 고모、출가 아니한 질녀、아내 등이다。

大功服(대공복)은 출가한 고모、출가한 누이、출가한 딸、출가한 질녀、종형제、지차며느리、질부、지차손자 등이다。

小功服(소공복)은 종조부모、당숙부모、제종형제、당질、종손、외조부모、외삼촌 내외、이모、생질녀 등이다。

緦麻服(시마복)은 종증조부모、제종조부모、재종숙부모、재종질、재종손、삼종형제、내외종형제、처부모、사위 등이다。

出家女子親庭服制法(출가여자친정복제법)

부모기년 조부모대공、삼촌내외대공、형제대공、**조카**대공、고모대공、삼촌형제소공

양자 나간 이 **生庭服**(생정복) 입는 법

부모기년 심상삼년 조부모대공、백숙부모대공、형제대공、**조카**대공、종형제소공、고모소공、누이소공、질녀소공、질부소공、종조부모시마、**제**종형제시마、**제**종질시마、당숙내외시마、당질시마

弔狀往服하는 **法**(조장왕복 하는 법)

訃告(부고)、**皮封**(피봉)、아무대、아무댁、아무대부고、**姓名氏**(성명씨)의 **大人學生**(대인학생) 관직이 있으면 직함을 쓰고 **公**(공)께서 **宿患**(숙환)

으로 모월모일모시에 別世(별세) 하옵셨기로 玆以專人訃告(자이전인부고)
함。

년 월 일 호상 성명 상

六、訃告(부고) 쓰는 법

母親喪(모친상)에 성명씨의 大夫人某封某氏(대부인모봉모씨) 남편이 유관직하면 모부인 모봉모씨

祖父喪(조부상)에 姓名氏(성명씨)의 王大人某公(왕대인모공)게서

祖母喪(조모상)에 姓名氏(성명씨)의 王大夫人某封某氏(왕대부인모봉모씨)게서

妻喪(처상)에 姓名氏(성명씨)의 室內某封某氏(실내모봉모씨)게서

子喪(자상)에 姓名氏(성명씨)의 長子(장자)(或(혹)은 次子(차자))某公(모공)게서

子婦喪(자부상)에 姓名氏(성명씨)의 子婦某封某氏(자부모봉모씨)게서

제四편 위문(조장)

※ 吊狀(조장)은 집이 서로 멀거나 부득이하여 吊喪(조상) 못가서 片紙(편지)로 하는 人事(인사)이다。 族戚間尊行喪事(족척간존행상사)의 위문이다。

一、族戚間尊行喪事 慰問(족척간존행상사 위문)

통곡통곡 하오며

할아버님(또는 그때 당한대로 따라서 칭호를 쓰고) 상사는 무슨 말씀을 알리오리까。 평일에 기력이 강건 하옵시니 병환이 비록 침중하옵시나 回春(회춘) 하옵시기를 바라셨더니 천만몽매 밖에 흉음의 일을 어찌 뜻하였으오리까。 졸지에 거창하오신 일을 당하옵시니 襚衣凡百(수의범백)을 어찌 판비 하옵시며 양례는 어느 때로 完定擇日(완정택일) 하였는지 가서 뵈옵지 못하오니 情禮(정례)와 인사가 아니온지라 통곡통곡 하오이다。 過度(과도)이 哀毁(애훼)함은 옛사람의 경계한 바오니 엎드려 바라건대 길이 寬抑(관억) 하오서 体制(체제)를 좇으소서。 이곳은 書辭人事(서사인사)라도 남보다 먼저 못하오니 죄송만만이로소이다。 수자 알리오니 내내 기력 천만부지 하옵심을 천만 바라옵니다。

년 월 일 아모 소상

答疏上(답소상)

이곳은 죄역이 심중하여 **酷禍**(혹화)가 선인 모상에 미치니 천지를 부러져서 미칠 곳이 없으며 완만한 목숨이 오히려 보전하오니 더욱 통백 망극하오며 위문 하옵심을 받자와 애감무지로이다。 나머지는 **荒迷**(황미) 하와 이만 그치나이다。

년 월 일 **罪從**(죄종) 답소상

※ 사촌부터 원족까지 종이라 **칭한다**。

二、姻戚間父母喪吊狀(인척간부모상조장)

千萬夢寐(천만몽매)밖 先大人叔主(선대인숙주)(혹인형주모상에 선숙모주)상사는 지극경달하온바 紙筆(지필)을 받들어 무슨 말씀을 아뢰오리까。患候(환후) 비록 沈重(침중)하오시나 상제님 성효로 勿藥自效(물약자효)하시는 慶事(경사) 바라셨더니 猝地(졸지)에 대변을 당하옵시니 初終凡節(초종범절)을 어찌 拮据(길거) 하오시고 襄禮(양례)는 언제로 택일 하오시며 山地(산지)는 어디로 完定(완정) 하오시나이까。 연하와 애훼중 기후 어찌 扶支(부지) 하시는지 비회간절이오며 戚姪(척질)은 趁時(진시) 영연 일곡도 못하옵고 서사위문도 이제야 하오니 정외인사에 죄송만만이로소이다。 바라건대 十分寬抑(십분관억) 하오서 以孝傷孝(이효상효)하오시지 마옵시기 믿습니다。

년 월 일 척질 성명 소상

답소상

계상재배 하옵고 名(명)은 죄악이 심중하와 졸연이 親喪(친상)을 당하오니 창황하온 中、初、終凡節(중、초、종범절)도 禮(례)를 갖추지 못하와 더욱 망극 하옵니다。하문 하오심 哀感無地(애감무지) 하오며 황미하와 이만 그치옵니다。

년 월 일 척종 성명 답소상

三、동서간 친정부모상에 조장서식

형님전 소상서

천만몽매밖 본댁되고 말씀이야 지필을 대하와 무슨 말씀을 하오리까。문부 하오시고 망극하오신 심뢰 오죽 하오시리까 세월이 덧없사와 어느듯 初、終成服(초、종성복)을 맞자오시니 촉처에 유한지통을 어찌 寬抑(관억) 하오시랴。下情(하정)에 일컨사오며 일기 고르지 못하온대 애훼중 기력부지 하옵신 문안 하옵고저 하오며 여기는 아버님께옵서 미녕하옵신중 어머님께옵서 感患(감환)으로 수일째 便(편)치 못하옵시니 초민 하오이다。사연 남사오나 수요수자 아뢰오니 내내 기운안녕부지 하옵심을 祝手(축수)하옵나이다。

년 월 일 緦弟(시제) 소상서

아우님전 답소상

이곳은 죄악이 심중하여 천만불의의 변을 당하오니 망극지통이 愈久愈深(유구유심)이오며 이처럼 하문 하오심 애감만만이외다。

일기불순한데、

侍奉身上平安(시봉신상평안) 하오시니 애훼이오나 두분 체절미녕중 지내신다 하오시니 멀리서 염려드리지 못하옵니다 .말씀 남사오나 비요중 대강 적습니다。

년 월 일 시형 답소상

四、딸의 시부모상에 조장

천만천만몽매 밖에 너의 시어르신네 상사 말씀은 무슨 말을 하랴。 시일이 덧없어서 내듯 初終葬事(초종장사)를 지내시니 망극지통 오죽하리。 喪制(상제)님께서 남에 없는 孝心(효심)으로 물약지효로 회춘하실까 바라시다가 一朝(일조)에 禍變(화변)을 당하오시니 망극지통이 더욱 기지 없으실듯 向念(향념) 간절하며 연하여 일기불순한데 상제님 큰 병이나 없으시고 너도 몸 성한가 念慮(염려) 일시도 놓이지 못한다。 여기는 渾室(혼실)이 무고하나 身病(신병)이 支離(지리)하니 괴롭고 외롭고 많은걱정 떠날적 없으니 기치 아니라 몸이나 성이 있는 회답 바란다。

년 월 일 母書(모서)

어머님전 답소상서

媳(식)은 죄역이 심중하와 시댁대고를 당하오니 망극하온 中舍廊(중사랑)에서 너무 애훼하오니 뵈옵기 실로 민망하오며 무망 하서받자와 뵈오니 근일 기후미녕이 지내신다 하오시니 伏慮萬萬(복려만만)이오며 媳(식)은 아직 별 탈은 없사오나 대사를 당하와 일에 헤어나지 못하여 汨沒(골몰)이 지내였사오니 언제나 가뵈옵고 許多(허다)한 말씀을 하올는지 기필치 못하겠읍니다。 愁撓(수요)하와 이만 아뢰오며 내내 안녕하옵신 문안주히 바랍니다。

년 월 일 식 답 소상서

五、친구간 부모상 조장

천만천만몽매 밖에 尊大人(존대인) 내간에는 존대부인 상사는 至極驚怛(지극경달)하와 무슨 말씀을 하리이까。 상제님 根天誠孝(근천성효)로 무량한 하수를 하옵실까 바랍시더니 어찌 이 지경에 이르실 줄 뜻하였으리오。 졸지에 巨創(거창)하신 일을 당하오시니 초종범절을 어째서 예로 하시며

山地(산지)는 어디 **吉地**(길지)를 정하오시며 양례택일은 언제로 하시나이까。 애훼중 **体節**(체절)이 과히 손상치나 **아니하시나이까**。 **아무쪼록** 관억하시와 **以孝傷孝**(이효상효) 하시는데 이르지 말으시기 바라나이다。 저는 즉시 가서 뵈옵지 못하오니 **情**(정)과 같이 못할 뿐아니라 극히 죄송하옵니다。 **數字**(수자) 알리오니 하강 하소서。

년 월 일 성명 소상

답소상

名(명)은 죄악이 많사와 스스로 죽지 않고 **災殃**(재앙)이 **先考**(선고)에 내간에는 **先妣**(선비)에게 미치오니 하늘을 우러러 통곡 하오나 미칠데 없읍니다。 이렇듯 위문하심 입사오니 **哀感無地**(애감무지)로이다。 나머지는 황미하와 이만 그치옵니다。

년 월 일 죄인 성명 답소상

六、喪妻(상처) 한데 위장

몽매밖에 琴絃(금현)이 끊어짐을 당하오시니 참달지회를 어찌 관억하시나이까。第一不忍見(제일불인견)은 유아가 고고하며 젖 찾는 모습이 눈에 선하여 비감함을 마지아니하나이다。연하와 悲撓中(비요중) 服体(복체)가 과히 겸손치 아니신가 仰溯仰慰(앙소앙위)이오며 이곳은 지내는 情理(정리)로 즉시 가서 뵈옵는게 당연하오나 마침 事故(사고) 있사와 마음과 같이 못하오니 죄송할 뿐입니다。

년 월 일 성명 장상

답 장상

中年喪配(중년상배)는 이른바 악담 이온데 不幸(불행)하게 제가 당하오니 기둥에 머리를 더리는것 같아 어찌 할 줄 모르겠사온중 乳兒(유아)의 호곡지성은 차마 드릴 수 없읍니다。

년 월 일 성명 답장상

七、장성한 아들 죽은데 위장

令允(영윤)(남의 아들을 영윤이라 함)의 특이한 **才華**(재화)로 **將進**(장진)이 무공하여 귀댁 문호를 더욱 빛내일까 기약 하였더니 천만 뜻밖에 상명지통(남의 아들 죽은데 쓰는 문자)을 당하오시니 어찌 귀하같이 인후하신 대덕으로오늘 이 **景狀**(경상)을 보실까 뜻하였으리오。 **無數**(무수)히 일컬어 위하여 **悲感萬萬**(비감만만)이로소이다。

년 월 일 성명 장상

답 장상

아들이 비록 **出衆**(출중)치는 못하나 **成人之境**(성인지경)에 이른지라 **家聲**(가성)을 전할까 하였더니 이 형상을 당하오니 참혹한 말씀은 이로 형언치 못하게옵고 후사를 생각하면 어찌하여야 좋을는지 앞이 캄캄하오며 이처럼 위문하옵시니 **不勝感激**(불승감격)이로소이다。

년 월 일 성명 답장상

八、國喪(국상)에 百姓(백성)끼리 인사편지

臣民(신민)이 무록하와 神聖文武(신성문무)하옵신 陛下(폐하)께옵서 승하하옵시니 망극지통은 천하일반이로소이다。 인산이 임박하옵시니 더욱 신민의 통박지추로소이다。

九、大小祥(대소상)에 人事(인사)편지

상가의 세월이 쉽사와 小基事(소기사)(대상은 대기사)가 격일 하셨사오니 새로 망극하옵심을 어찌 관억하시는지 일컫사오며 요사이 기운 편안이 부지하오시고 합내제절일안 하시온지 향념간절이오며 이곳은 별고 없사오며 만행이오이다。 변변치 못한 果實(과실) 두어가지 보내오니 祭需(제수)에 보태실까 바라오며 약소하여 부끄럽습니다。

년 월 일 성명 소상

답 소상

계상하오며 하소 받자와 비옵고 요사이 시봉기후안중 하옵시며 애워하만만이오며 죄인은 완악한 목숨을 구차부지하오며 세월이 여류하와 소기사가 지격하오니 망극지통이 새롭사오며 하송하옵신 과실은 애감무지로소이다。 나머지는 황미하와 이만 아뢰옵나이다。

년 월 일 죄인 성몬 답소상 명

十、시부모기제사에 시부모께 인사편지

아버님전 상사리(어머님전 상사리)

문안 아뢰옵고 일기불조하온데 기체후 안녕하옵신 안부 묻지 못하고 주초에 문안드리지 못하오며 망극하옵신 제사격일 하셨사오니 오직 새로이 망극하옵실까 하정에 통백하옵니다。 아뢰올 말씀 하감 하옵기 이만 아뢰오며 내내 체후만만 하옵시기 천만 바라옵나이다。

년 월 일 자부 상사리

자부(며느리)에게

오래 소식 몰라 궁금하던 차 글씨 보고 듣는듯 기쁘기 측량 없으며 여기는 혼실이 별고 없으니 多幸(다행)이로다。 親忌隔日(친기격일)하오시니 망극한 심화 어찌 다 지필로 말하리。 수자 그치니 잘 있다。 수히 오기 바란다。

년 월 일 시부답(시모답)

十一、시부모 생신에 인사편지

아버님전 상사리(어머님전 상사리)

문안 알리옵고 요사이 기체후 안녕문안 모르와 주초에 문안 드리지 못하오며、生辰(생신)에 못자와 지내실 듯 경축하오나 슬하를 떠나와 외지에 있어서 뫼시고 지내지 못하오니 하정에 지극창모 하옵니다。 아뢰올 말씀 많으나 이만 알리오니 내내 기후만강 하옵시기 천만 바라옵나이다。

년 월 일 자부 상사리

답자부(며느리)에게

무망 글씨 보니 탐탐 기쁘며 연하여 시봉 신상무양 한 일 더욱 위회(慰懷)로다。여기는 혼솔이 안과하니 다행하고 오늘 대소가가 다 모여 지내니 든든 하오나 오직 汝(네)가 오지 못하니 슬하가 고적하여 섭섭하다。슷자 그친다。

년 월 일 시부 답

제五편 제 사

一、奉祭祀(봉제사) 하는 법

世上萬物(세상만물)이 다 뿌리가 있으매 가지가 있는고로 뿌리를 잘 도와야 가지가 무성하느니 무심한 초목도 이러하거늘 하물며 사람이야 더 말할 것 있으리오。 大抵祖上(대저조상)은 뿌리와 같고 자손은 가지와 잎이라。 조상을 잘 위하여야 자손이 창성하나니 효자와 효부는 조상 받들기를 지극 성심으로 하는지라 만세영화를 누리나니 성효가 다름아니라 생존한 부모뿐 아니라 돌아가신 조상도 잘 받드는 것이 성효니라。 祭物(제물)로 말하여도 殷奠(은전)으로 豊備盛設(풍비성설)하는게 아니라 일심으로 성경을 위주 하나니 고로 三日(삼일) 沐浴(목욕)하고 七日齊戒(칠일제계)하면 神道(신도)를 뵈올듯 감창하고 恭敬(공경)하는 마음이 지극하여 잠시도 풀어지지 아니하면 비록 간략히 차리더라 하여도 그 정성을 신도가 감응하시나니라。 제사에 쓸 곡식은 미리 精(정)하고 좋은 것으로 위하여 두었다가 매쌀이며 편쌀을 쓰고 果實(과실)이라도 잘 봉하여 정히 두었다가 쓰고、 채소붙이라도 다 미리 변통하여 임시 구차함이 없게 하고 간구하여 미리 유념하여 두지 못하였더라도 남에게 욕될 물건은 얻어 쓸 것이 아니라 없으면 없는데로 飯(매) 한그릇、 湯(탕) 한그릇 나의 처치대로 정성껏 하게만 하여 올리면 신도가 기꺼이 **歆饗**(흠향)하시니 만약 **非理**(비리)의 재물을 취대하거나 재물을 외상으로 얻어쓰고 즉시 갚지 못하여 욕을 먹게하면 인자의 도리가 아니라。 생존한 부모라도 생일이나 환갑 때에 집에 없는 것을 갚을 샘은 생각지 아니하고 남의 금전을 갖다가 남의 **耳目**(이목)을 위하여 의복、음식을 잘 장만하여 부모를 주었으나 그 금전을 곧 갚지 못하면 욕이 되나니 **祭祀**(제사)에 외상 얻어 쓴 것과 같으나니 제사 때가 당하거든 집안 식구가 모두 빨래하여 미리 정한 의복을 입고 집안을 정결히 하여 부정한 것이 없도록 하며 몸도 정결히 가지고 **祭物熟設**(제물숙설)할 적에 가끔 손 씻고 다른 것을 다루어도 번번이 손을 씻나니라。 **無常**(무상)한 부녀들은 자식 젖 먹이다가도 손을 다시 씻지 아니하고 또 제물을 다루는이 있으며、가려워 긁고도 손을 씻지 아니하나니 어찌 부정치 않으리오。 제물숙설할 때에는 **三伏中**(삼복중)이라도 버선을 벗지 못하고、**飮食**(음식)에 염장을 **料量**(요량)하여 간을 맞추어 할 것이오。 맛보는 법이 없으니 음식이 새것이 아니면 쓰지 못하며 제물을 과하여 많이 놓았다 하여 남은 것 먼저 먹지 못하나니라。 비단 제사음식 차릴 적 뿐이라 범사음식이라도 차릴때 장만하면서 주전주전 입노릇 하는 것이 부녀의 천하고 더러운 행실이니라。 부모생시에 즐기시던 것으로 장만하고 아니 자시던 것은 아니쓰나 그러하오나 오직 酒(술)은 제물의 으뜸이라 고로 생시에 아니 자시더라도 제사에는 가히 폐치 못하나니라。 제상드는 종이라 색옷을 입지 못하고 옥색의복을 입나니라。 제례가 인가의 큰 일이니 祠宇(사우)들 뫼시고 내외자손과 지친들이 다 모여 행사할 때에는 불초한 자식이라도 감창한 마음이 자연 나나니라。

家母(가모)는 사당을 주창하여 받드는 사람이니 평시라도 일찍 일어나서 관세하고 의복을 정제이하여 사당에 신알하고 뜰이 어지럽거든 티끌없이 쓸고 혹시 水火中(수화중)에 변이 있거던 밖에 사람이 미쳐 알지 못하더라도 사당부터 생각하여 모셔내고 다음에 조상의 서책과 화상과 敎旨

(교지)를 거두고 그 다음에 가간 세간 즙물을 구하느니라。

二、紙榜 쓰는 法(지방 쓰는 법)

高祖父母紙榜(고조부모지방)

顯高祖妣某封某氏 神位(현고조비모봉모씨 신위)

顯高祖考學生府君 神位(현고조고학생부군 신위)

曾祖父母紙榜(증조부모지방)

顯曾祖妣淑夫人慶州金氏 神位(현증조비숙부인경주김씨 신위)

顯曾祖考通政大夫行中樞院議官府君 神位(현증조고통정대부행중추원의관부군 신위)

祖父母紙榜(조부모지방) 혹 재취하였을 때는 이렇게 쓴다。

顯祖妣某封某氏 神位(현조비모봉모씨 신위)

顯祖妣某封某氏(현조비모봉모씨) 神位(신위)

顯祖考學生府君(현조고학생부군) 神位(신위)

父母紙榜(부모지방)

顯考學生府君(현고학생부군) 神位(신위)

顯妣某封某氏(현비모봉노씨) 神位(신위)

妻(아내) 紙榜(처 지방)

亡室某封某氏(망실모봉모씨) 神位(신위)

夫(남편) 紙榜(부지방)

顯辟學生府君(현벽학생부군) 神位(신위)

※ 알기 쉽게 하느라고 孺人密陽朴氏(유인밀양박씨) 淑夫人(숙부인) 金海金氏(김해김씨)라 쓰는 것인데 大(대)

抵婦人(저부인)은 남편의 職品(직품)에 따라 쓰는 고로 남편이 一品(일품)이면 貞敬夫人(정경부인)、二品(이품)이면 貞夫人(정부인)、三品(삼품)이면 淑夫人(숙부인)、四品(사품)이면 淑人(숙인)、六品(육품)이면 恭人(공인)、學生(학생)(處士(처사))이면 孺人(유인)이라 하느니라。

三、忌祭祀 祝文(기제사 축문)

(1) 부모 구몰하여 합설하여 지내는 제사 축문

維歲次干支月朔干支日干支孝子名敢昭告于(유세차간지월삭간지일간지효자명감소고우)

顯考學生府君(현고학생부군)

顯妣孺人某封某氏歲序遷易(현비유인모봉모씨세서천역)

顯考(현고)(어머님 제사면 顯妣(현비))諱日復臨追遠感時(휘일부림추원감시)

昊天罔極(호천망극) 謹以清酌庶羞恭伸奠獻(근이청작서수공신전헌) 尙 饗(상향)

(2) 祖父母、曾祖父母、高祖父母、忌祭祀祝文(조부모、증조부모、고조부모 기제사축문)

維歲次干支月朔干支日干支孝孫名敢昭告于(유세차간지월삭간지일간지효소명감소고우)

顯祖考學生府君(현조고학생부군)(증、고조 제사는 당한대로 쓴다)

顯祖妣某封某氏(현조비모봉모씨)(증、고조비 제사면 당한대로 쓴다) 歲序遷易(세서천역)

顯祖考諱日復臨追遠感時不勝永慕謹以清酌庶羞恭伸奠獻尙 饗(현조고휘일부림추원감시불승영모근이청작서수공신전헌상향)

(3) 妻忌祭祀祝文(처기제사축문)

維歲次干支月朔干支日干支家夫姓名昭告于(유세차간지월삭간지일간지가부성명소고우)

亡室貞夫人(망실정부인)(남편 직품따라) 某封某氏歲序遷易(모봉모씨세서천역)

亡日復至不勝悲苦茲以淸酌庶羞伸此奠儀尙 饗
(망일부지불승비고자이청작서수신차전의상 향)

(4) 남편의 忌祭祀祝文(남편의 기제사축문)

維歲次干支月朔干支日干支主婦某封某氏敢昭告于
(유세차간지월삭간지일간지주부모봉모씨감소고우)

顯辟學生府君歲序遷易諱日復臨追遠感時昊天罔極謹以淸酌庶羞恭伸奠獻 尙
(현벽학생부군세서천역휘일부림추원감시호천망극근이청작서수공신전헌 상)

饗(향)

(5) 父母忌祭祀出主祝(부모기제사출주축)

※ 家廟(가묘)가 계시면 제사날 당하신 신주를 뫼시어 올 때 고하는 축

今以(금이)

顯考學生府君遠諱之辰敢請(현고학생부군원휘지진감청)(증、고조고 당한대로 쓰고)

顯考學生府君(현고학생부군)(조고、증조고、고조고 당한대로 쓰고)

顯妣某封某氏神主出就廳事(현비모봉모씨신주출취청사)(或正寢)(혹정침)恭伸追慕(공신추모)

(6) 母親忌祭祀出主祝(모친기제사출주축)

今以(금이)

顯姉某封某氏遠諱之辰敢請(현비모봉모씨원휘지신감청)(조비、증조비 당한대로 쓰고)

顯考學生府君(현고학생부군)(조고、증조고、고조고 당한대로 쓰고)

顯妣某封某氏(현비모봉모씨)(조비、증조비、고조비 당한대로 쓰고)神主出就廳事(신주출취청사)(或 正寢)(혹정침)

恭伸追慕(공신추모)

四、祭祀行事하는 節次(제사행사 하는 절차)

亥時末子時初(해시말 자시초) 밤 十二時末이나 영시초에 종손 종부와 내외제관이 모두 소세정의관 하고 청사에 序立(서립)하여 제물을 올릴제 부인은 색옷 입지 아니하고 金、銀 佩物(금、은 패물)을 가지지 아니하고 남자는 소의소대하고 床(상) 드는 하인들도 색옷 아니 입나니라。 먼저 실과상을 올리나니 紅色(홍색)은 東便(동편)으로 놓고 白色(백색)은 西便(서편)으로 놓고 造果(조과)는 가운데로 놓나니 東便(동편)은 제관의 오른편이요、西便(서편)은 祭官(제관)의 왼편이니 左右(좌우)라 하는 것이 即 東西(즉 동서)와 같으니라。 그 다음은 포해와 침채、청장、숙채상을 올리고 그 다음은 시접상을 올리고、 그 다음은 祭酒瓶(제주병)과 모사 잔과 퇴주할 공기 하나 床(상)에 바치여 香床(향상) 옆에 놓고 香爐(향로) 불 피워 놓고 宗孫(종손)과 祭官(제관)이 촛불을 인도하여 家廟(가묘)에 들어가 焚香再拜(분향재배)하고 제사 당하신 神位(신위) 앞에 부복하여 出主祝(출주축)을 告(고)한후에 종손이 신주를 받들어 뫼시고 청사로 올새 청사에 남아 있던 제관들과 부녀들이 모두 階下(계하)에 내려서 紙迎(지영)하여 신주를 청사교의 우에 뫼시고 종손이 먼저 분향재배 하고 후에종손과 내외제관이 함께 참신재배하고 또 다시 종손이 분향하고 茅莎盞(모사잔)에 술을 부어 모사 그릇에 세번씩 부어 놓은 후 盞(잔)을 도로 상에 놓고 종손만 재배 하나니 이것이 降神再拜(강신재배)니라。

그 다음에 各色湯(각색탕)과 魚肉煎油(어육전유)를 올린새 魚湯(어탕)은 東便(동편)이요 肉湯(육탕)은 西便(서편)이오、素湯(소탕)은 가운데요、煎油(전유)로 어육을 東西(동서)로 나누어 놓고 그 다음은 餠(편)이며 麵(면)이며 飯羹(반갱)을 올리고 종손이 분향하고 부복 하였거던 집사하는 제관이 신위 앞에 놓인 盞(잔)을 받아 나르다가 꿇어 앉아 종손을 주면 두 손으로 공경하여 받잡거던 집사하는 제관이 주병(술병)을 들어 酒(술)을 부어 종손이 그 술잔을 모사 그릇 위에 조금씩 세번을 기울어 따르고 도로 집사하는 제관에게 주면 받자와 神位(신위) 앞에 드리고 집사하는 제관이 炙(적) 받으러 종손을 주거든 공경하여 받아서 도로 집사하는 제관을 주어 신위께 올리고 반갱 뚜에 벗겨놓고 젓가락만 바로하여 놓고 종손은 그저 부복 하였다가 일어나 재배하고 다시 종손이 府伏(부복)하고 내외제관도 다 府伏(부복) 하거든 祝官(축관)이 祝板(축판)을 들고 종손의 오른편에 꿇어 앉아서 讀祝(독축)하고 일제히 애곡하고 곡을 다 그치고 일어나서 종손만 재배하고 집사하는 이가 퇴주할 그릇을 들고 神位(신위) 앞에 나아가 初獻(초헌)한 잔술을 퇴주하여 잔은 도로 신위 앞에 놓거든 亞獻(아헌)은 종부가 손 씻고 부복하여 분향하고 잔을 올린새 집사는 부인제관이 하나니 초헌하던 예법과 같이 하여 종부가 四拜(사배)하고 물러서면 또 집사하는 이가 아헌관 잔을 퇴주하고 三獻盞(삼헌잔)을 올린 새 子婿弟姪中(자서제질중)에 정하여 하나니 초헌하던 예법과 같이하여 炙(적) 올리고 재배하고 侑食禮(유식례)를 행나니 제관중에 정하여 손 씻고 분향하고 공기에 술을 가지고 神位前(신위전)에 나아가 삼헌한 잔에 더부어(첨잔) 올리고 진지 그릇 위에 숟가락 꽂아 놓고 합문하고(방문 닫는말)

문 밖에 꿇어앉아 고요히 잠시 기다렸다가 문을 열고 내외제관이 도로 서립하여 갱그릇을 들어내고 熟冷(숙냉)을 올리고 숟가락을 들어 진지를 조금씩 세술을 들어 숙냉에 말고 숙냉그릇에 숟가락을 꽂아놓고 정제히 시립하여 조금 있다가 床(상)을 물릴새 匙(시)와 箸(저)를 거두어 匙楪(시접)에 담고 進支(진지) 그릇 뚜껑을 덮고 內外祭官(내외제관)이 일제히 제배하나니 이것이 辭神再拜(사신재배)니라。祝官(축관)이 축을 燒火(소화)하고 신주를 거두어 뫼시고 도로 가묘로 갈 때 燭(촛)불이 인도하며 내외제관이 모두 뒤를 따라 家廟(가묘)까지 가느니라。

※ 神主(신주) 모시지 못하고 紙榜(지방)을 모시고 지내는 祭祀禮節(제사예절)은 조금 다르니 제물 올리는 절차와 초헌 아헌、삼헌、독축、유식、합문、철상、사신하는 절차가 같아도 다만 신주 모실 때에 紙榜(지방)을 校椅(교의) 위에 붙여 모시고 종손이 먼저 분향하고 재배 하나니 이것이 降神再拜(강신재배)니라。그 다음에 종손과 내외제관이 一齊(일제)히

재배하니라。 이것이 신주 모시고 지내는 제사와 조금 다른 것이다。

大抵(대저) 제사 잘 지내고 못 지내는 것이 祭物(제물)을 많이 차리고 조금 차리는데 있는 것이 아니고 誠敬(성경) 있고 없는데 있나니 殷奠(은전)으로 풍비하게 차렸더라 하여도 성경이 없고 不精不潔(부정불결) 하면 잘못 지내는 제사니라。 稱家有無(칭가유무)로 하여 三色湯(삼색탕)、三色果實(삼색과실)、三色炙(삼색적) 쓰는 것도 좋거니와 할 수 없는 處地(처지)에는 飯一器(매한그릇)、羹一器(갱한그릇)이라도 盡心(진심)껏 誠敬(성경)으로 정결히 하면 神道(신도)가 感應(감응)하여 歆饗(흠향) 하시니라。

五、제물 진설하는 도식

東(동) 兩(양) 位(위) 合(합) 設(설) 陳(진) 設(설) 圖(도) 西(서)

餅淸(편청) 盞(잔) 盞(잔) 匙楪(시접) 麵(면)

右(우) 羹(갱) 飯(반) 羹(갱) 飯(반) 左(좌)

동두 炙(적) 서미

魚煎油(어전유) 素煎油(소전유) 肉煎油(육전유)

魚湯(어탕) 素湯(소탕) 肉湯(육탕)

食醢(식혜) 沈菜(침채) 淸漿(청장) 熟菜(숙채) 脯(포)

東(동) 實果紅(실과홍) 實果紅(실과홍) 造果中(조과중) 造果中(조과중) 造果中(조과중) 實果白(실과백) 實果白(실과백) 西(서)

제六편 혼 인

一、婚姻의 大意

대저 혼인은 우리 인생의 가장 떳떳하고 또한 가장 중대한 문제다、전생(前生)의 인연으로 이성(異性)이 서로 만나 국가 말초사회인이 한가정을 구성하여 생민을 시작(生民始作)으로 점차 百年대계를 도모하여 자손만대(子孫萬代)의 영광을 이룩하는데 있는 것이다。

그러므로 부부(夫婦)는 百年고락을 같이하는 무쌍한 친구요 일심동체(一心同体)라 일가사회(一家社會)의 상담역이며 산업계발(產業啓發)의 보조자요、가정경제의 신임자며 국민생육의 원동력이기도 하다。

이세상에 친밀하기로 이 이상이 없고 서로 사랑하기에 이 이상이 없고 가장 신용하기로 이 이상이 없건만 만일에 성격이 다르고 이념(理念)이 서로 배치(背馳)되어 의견이 점차 악화(惡化)가 된다면 날이갈수록 보기도 싫고 말하기도 싫고 심지어 상대방이 잘되는 것까지 원치 않는 철천의 원수가 되나니 어찌하면 서로 사랑하는 부부가 되고 어찌하면 서로 원수의 부부가 되는가 그 원인(原因)을 돌이켜 생각한다면 부부의 성격이 같고 이상이 맞아야 할 것이요。 그렇치 않으면 한쪽이 탁월한 지식과 이해성이 많다든가 또는 한쪽이 극히 선량하며 모든일에 침묵(沈默)을 잘 지켜야 될것이다。 부부가 성격이 다르고 환경이 다를때는 마침내 불평(不平)과 불만(不滿)이 폭발하여 모든 불행을 가져올 것이다。 그 성격과 이상(理想)의 앞길은 오직 이책에 한(限)하나 독자 여러분의 장래를 위하여 많은 참고가 되기를 바라는 바이다。

二、婚姻의 정신

夫婦(부부)결합은 우리 동양예의(東洋禮義)와 삼강오륜(三綱五倫)의 하나이니 최귀한 우리인생의 가치를 찾아 약혼상 서로 속임이 없고 쌍방이 조금도 불평이 없이 신중히 결합되는 것이 도의상 원칙인 것이다。 잘 되는 것도 혼인에 있고 잘 못되는 것도 혼인에 있는 고로 옛 노인들은 자기 자녀(自己 子女)의 장래를 염려하여 비밀리에 상대방의 문벌(門閥)、직업(職業)、습성(習性)、질병(疾病)까지 탐지하고 그후 궁합을 보고 간선을 하여 자기자녀와 거의 조합(調合) 될때에 비로소 결혼 하였던 것이다。 지금은 西洋의 외래풍조(外來風潮)가 우리나라에 파동(波動)되자 나라는 민주주의(民主主義)를 부르짖고 국민들은 자유평등을 요구하고 또한 여자는 남녀동등권을 주장하니 그 감염의 신속함은 가위 상상의 예라 하겠다。 이 반면에 있어 동양도덕(東洋道德)은 오리무중이요 조국정신은 시월연자(十月燕子)로다。 결혼은 신성한 것이요。 부부의 사랑은 모든 사랑의 근본이다。

이제 실제 경험이 없고 허영에 미혹한 젊은 남녀는 견물생심(見物生心)

으로 초년(初年)에 서로 만나 백년을 허락하니 목마른자 어찌 감천(甘泉)을 버리랴。 잠시적 망상(忘想)이 평생을 그르치고 일견적 착오가 영원의 한을 남기는 것이 도대체 신중(愼重)치 않은데 원인이 되는 것이다

◎陰陽術(음양술)

음양술의 유래

이 음양술은 태고(太古)에 천지정기(天地正氣)가 음양 양의(陰陽 兩儀)가 되고 양의가 사상(四象)이 되어 일년사계(一年四季) 유왕불반(有往不返)의 순환으로 이세상에 존재한 삼라만상(森羅萬象)의 생왕성쇄(生旺盛衰)가 모두 이 이치에 순응케 되어 있으며、또 오행(五行)의 생극(生剋)과 八卦(팔괘)의 전환이 이에 연결하여 대자연의 원칙(原則)이 우리 人生운명을 지배함으로써 이 원칙에 의거하여 인류의 길흉화복(吉凶禍福)을 판단하는 동양(東洋)의 유일한 철학(哲學) 만고불멸(萬古不滅)의 진리는 유

구 몇천년동안 세계 기억만인(世界 幾億萬人)의 경험에 경험을 더한 선철(先哲)의 지시!

요지부동(搖之不動)하는 그 깊은 이치를 누가 감히 개론할자 없고 그렇다고해서 또 상위됨도 없을 것이요。간혹 맞지 않은 점이 있다면 이것은 술자(術者)의 학식(學識) 부족일 것이다。

이제 남녀궁합상 필요한 고전비결(古傳秘訣) 열가지 (十條)를 다음과 같이 열거해두니 여러분의 혼인및 자녀혼인시에 참고 하시기 바란다。

(1) 육십갑자(六十甲子)와 납음(納音)

干支納音	干支納音	干支納音	干支納音	干支納音	干支納音
甲子 乙丑 海中金	甲戌 乙亥 山頭火	甲申 乙酉 泉中水	甲午 乙未 沙中金	甲辰 乙巳 覆燈火	甲寅 乙卯 大溪水
丙寅 丁卯 爐中火	丙子 丁丑 澗河水	丙戌 丁亥 屋上土	丙申 丁酉 山下火	丙午 丁未 天河水	丙辰 丁巳 沙中土

戊辰 己巳 大林木	庚午 辛未 路傍土	壬申 癸酉 釰棒金
戊寅 己卯 城頭土	庚辰 辛巳 白鑞金	壬午 癸未 楊柳木
戊子 己丑 壁靂火	庚寅 辛卯 松栢木	壬辰 癸巳 長流水
戊戌 己亥 平地木	庚子 辛丑 壁上土	壬寅 癸卯 金箔金
戊申 己酉 大驛土	庚戌 辛亥 釵釧金	壬子 癸丑 桑柘木
戊午 己未 天上火	庚申 辛酉 石榴木	壬戌 癸亥 大海水

(2) 六十甲子表

甲子	乙丑	丙寅	丁卯	戊辰	己巳	庚午	辛未	壬申	癸酉
甲戌	乙亥	丙子	丁丑	戊寅	己卯	庚辰	辛巳	壬午	癸未
甲申	乙酉	丙戌	丁亥	戊子	己丑	庚寅	辛卯	壬辰	癸巳
甲午	乙未	丙申	丁酉	戊戌	己亥	庚子	辛丑	壬寅	癸卯
甲辰	乙巳	丙午	丁未	戊申	己酉	庚戌	辛亥	壬子	癸丑
甲寅	乙卯	丙辰	丁巳	戊午	己未	庚申	辛酉	壬戌	癸亥

이상 六甲은 甲子 乙丑으로 부터 이하 순서에 의하여 언제든지 끊임 없이

순환하여 六十年이 되면 다시 甲子 乙丑이된다。 그런 고로 六十一年이면 환갑(還甲)이요、 납음(納音)이라는 것은 甲子 乙丑아래 해수금(海水金) 丙寅 丁卯 로중화(爐中火)요 五行이라 함은 금목수화토(金木水火土)를 지칭 함이니 이世上 萬物이 모두 五行에 배속되지 않는것이 없다。 이 오행(五行)은 상생(相生)도 되고 상、(相剋)도 되니 이것이 우주만물(宇宙萬物)에 상응(相應)되는 자연철학(自然哲學)인 것이다。

五行(오행)

三元五行(삼원오행)및 應用

	陽	陰	陽	陰	陽	陰	陽	陰	陽	陰
天干	甲	乙	丙	丁	戊	己	庚	辛	壬	癸
五行	木		火		土		金		水	
數理	一	二	三	四	五	六	七	八	九	十

地支	寅卯	巳午	辰戌丑未	申酉	子亥
方向	東	南	中央	西	北
季節	春	夏	四季	秋	冬
生成數	三八	二七	五十	四九	一六

○干과支

天干은 甲 乙 丙 丁 戊 己 庚 辛 壬 癸 十種이고

陽干은 甲 丙 戊 庚 壬이고

陰干은 乙 丁 己 辛 癸이다。

地支는 子 丑 寅 卯 辰 巳 午 未 申 酉 戌 亥 十二種。

陽支는 寅 午 辰戌 申 子이고

陰支는 卯 巳 丑未 酉 亥이다。

○五行의 相生(오행상생)

木生火 火生土 土生金 金生水 水生木이요

○五行의 相剋(오행상극)

木剋土 火剋金 土剋水 金剋木 水剋火이다。

상극은 만물에 역리(逆理)라、상대방을 살하고 극 하니 나쁠 것이다。이제 자기의 생년(生年)을 알려면 먼저 금년이 무슨해인가 알아보고 그기서 부터 자기 나이와 같이 거슬러 세어보면 바로 그 해가 즉 자기의 생년이 된다。남녀(男女) 궁합 보는 법은 가령 지금 三十一세의 남자면 정유(丁酉)생이니 丙申 丁酉 산하화(山下火)이다。고로 火(화)로 하고、지금 二十八세의 여자는 辛丑생이니 庚子 辛丑 벽상토(壁上土)다 그러므로 土(토)로 한다。그러면 남자(男子)는 火요 여자는 土라 이 두사람의 궁합(宮合)을 볼려면 다음에 론한 男女宮合論(남여궁합론)의 남화여토(男火女土)에 찾아 보면 된다。

三、선(善)보는 법

(1) 선보는 요령

처녀 총각이 혼인할 목적으로 서로 만나 선을 보는 경우에、첫 인상으로 女子는 깨끗하고 온순함이 제일이니 男子가 이것을 원할것이며、男子는 씩씩하고 정직함이 제일이니 女子의 요구가 여기에 있을것이다。

그리고 얼굴의 미모만 볼것이 아니라 언어와 동작이 쾌활하면 마음도 따라 쾌활하고 언어와 동작이 침착하면 마음도 따라 침착하다。상법(相法)에 말하기를 귀천은 骨格(골격)에 있고、지혜는 피모(皮毛)를 보고、성질은 동작에 의하고、成敗(성패)는 결단에 달였고、운수는 기색을 보아야 안다 하였다。웃는 얼굴은 평생에 좋고 성낸 얼굴은 일생에 나쁘다。

그러므로 상법을 모르고 선을 본다면 장님이 냇물 구경하는 샘이다。그리고 중매(仲媒)를 택(擇)함에는 극친(極親)한 사람이거나 그렇치 않으면 나와 이상이 맞고 마음이 정직한 사람이라야 반드시 나에게 유리(有利)한 혼인을 이룰 것이다。

四、관상법에 의한 택처(妻)법

그러면 男子는 어떠한 女性을 택하여 한 평생에 원만한 가정을 이루고 향상(向上)하는 문호(門戶)가 되도록 할 것인가?

누구를 막론하고 이 문제에 대하여는 큰 관심을 가지지 않을리 없을 것이다。 대체로 여자는 상식이 있어야하며 이웃에 잘 화목하여야하고 또한 자녀(子女)를 잘 양육하여야 한다。 이것이 三大要素(삼대요소)요。 이러한 여성을 택함에 있어서는 우리들의 소견보다 선철(先哲)들이 지시한 관상법을 참고함이 가장 첩경일 것이다。 이제 차례로 여자의 인상을 말하자면

一、여자가 너무 体小(체소) 하여도 우선 소견이 없을 뿐만아니라 자녀에게 미치는 생리상 영향(生理上 影響)이 적지 않을 것이요。

二、그 반면에 너무 키가 커도 불리하니 또한 남편에게 방해(相尅)됨이 많을 것임으로 여자의 체격은 크지도 않고 작지도 않아야 적당하다。

상법(相法)에 말하기를

三、여자의 눈은 사업(事業)에 해당하니 다정하여야 사업이 은당(穩當)하고

四、코는 부군(夫君)에 해당하니 예뻐야 부덕(夫德)이 있고

五、입(口)은 자식에 해당하니 정합(正合)하여야 자식이 많다。

六、여자는 본시 음질(陰質)임으로 여태(女態)를 가져야 하며 따라서 눈도 순하고 음성도 부드러우며 머리가 적고 미묘중에도 또한 엄숙하여야 한다。

七、이마가 크고 평평하면 부모의 덕이 있고 부처(夫妻) 해로하며

八、미(眉)와 눈이 청수(清秀)하면 총명하고도 지식이 있다。

九、코 끝이 크고 동굴면 악의(惡意)가 없고

十、입술이 바로 맞으며 붉으면 자녀를 많이 낳을 것이요。

一一、산근(山根)이 높으면 왕부익자(旺夫益子)하고

一二、젖(乳)꼭지가 크고 검으며 볼기가 크며 머리털이 검고 가늘면 이러한 여자는 남자에게 잘복종 할것이고

一三、이와 반대로 여자의 어깨가 쫑긋하고 볼기가 적으며 머리털이 누리고(黃) 눈이 삼각형(三角刑)으로되면 대개 남자(男子)의 말에 순종하지 않을뿐아니라 심하면 이별까지 하게되는 것이다。

一四、웃 입술이 들리어 항상 앞 이가 보이면 남편과 의가(誼) 좋지 못하고

一五、또 여자의 용모가 남자 같거나 음성이 남성(男聲) 같으면 淫賤(음천)하기 때문에 여러번 개가(改嫁)할 것이다。

一六、입이 넓든지 이(齒)가 안으로 우긋하면 초년(初年)에는 좋은듯 하

나 말년에 곤궁할 것이다。

一七、입술이 불부(火吹)는 것같이 삐죽하면 일생에 수심이 많고

一八、눈 꼬리가 깊고 컴컴하면 남편을 사별(死別)하고

一九、뼈(骨)는 약(弱)한데 살(肉)이 너무 많으면 단명하고

二〇、여자의 수족(手足)에 대흠(大欠)이 있으면 평생에 식록이 풍족치 못할 것이다。

二一、여자가 미목(眉目)이 명랑(明朗)치 못하고 손이 크고 피부가 두터우면 숙맥이오。

二二、여자의 머리가 크고 하턱이 길면 부모에게 향심(向心)이 없고

二三、입이 엷고 뾰쭉하면 언제나 남과 시비(是非)를 잘하고

二四、눈이 작고 얼굴에 주먹같은 살이 가로 놓이면 도적질과 싸움을 잘하고

二五、눈에 정신이 없고 면색(面色)이 늘 컴컴하고 기름때가 많으면 항

상 미신을 좋아하고

二六、살(肉)빛이 백설(白雪) 같으면 극히 호색(好色)하고

二七、목이 짧고 머리털이 길면 음욕(淫欲)이 많아 중매없이 시집가며

二八、얼굴이 큰데 코만 작으면 첩이나 하녀(下女)가 될 격이오。

二九、사람을 볼때에 곁눈질하고 웃을때에 손으로 입을 가리우면 간곳 마다 월하(月下)에 약속이 깊을 것이다。

三〇、손가락 마디가 굵고 미모(眉毛)가 많고 또한 이(齒)가 굵으면 특별이 누추(陋醜)하고

三一、양 미간(眉間)이 좁고 콧마루가 컴컴하고 살색이 누르면 신병이 떠나지 아니 하고

三二、여자의 입술이 검으면 자식이 없다。

三三、여자의 얼굴이 아름답지 못하여도 뼈가 가늘고 살이 부드러우면 귀격이요。 그와 반대면 천격이다。

이와같이 좋지 못한 여자(女子)를 얻게된 남자로서야 그 얼마나 불행하리오。

아내(妻)를 택(擇)함에는 자기의 일생(一生)은 물론 자손의 장래를 생각하여 신중히 할 문제라 아니할수 없다。

○女体(여체)에 대하여 생리학적으로 그 구조를 개론 하자면!

一、여자가 관골(觀骨)이 낮으면 따라서 유방이(乳房) 크고
二、관골이 처지면 유방도 처지고
三、소지(小指)—새끼손가락이 적은자는 유두(乳頭)도 적고
四、코 끝이 큰자는 배꼽이 크고
五、입 안이(口内) 광활한자는 질내(膣内)도 광활 하고
六、미모(眉毛)가 드문자는 음모(陰毛)도 드물고
七、눈썹이 많은자는 음모(陰毛)가 많고
八、웃니가 아랫니 보다 높은자는 음문(陰門)의 치골(恥骨)이 높고

九、코가 긴자는 대체로 음문이 낮추워 있고

一〇、눈썹이 드물면 토체(土体)에 음모가 없고

一一、음모(陰毛)가 누른(黃色) 빛이면 귀하고

一二、음모가 검으면 음난(淫亂)하고

一三、음모가 부드러우면(柔) 귀부인 격이고

一四、음모가 굳굳(硬)하면 천녀(賤女)격이다。

一五、처녀(處女)로서 음모가 일찍나면 명(命)이 짧고 二十세를 전후하여 나면 적당하고 늦게 나오면 음탕하고

一六、음모가 길면(長) 귀자(貴子)를 낳고

一七、음모가 짧으면 천자(賤子)를 낳으며

一八、젖 꼭지가 위로 들리면 귀자를 낳고

一九、젖꼭지가 아래로 늘어지면 천자를 낳으며

二〇、음호(陰戶)가 위로 붙으면 귀한 자식을 낳고 낮추워 붙으면 천

한 자식을 낳고

二一、상하(上下) 치(齒)가 평평하면 음문도 평평하고

二二、입안이 깨끗하면 질내(膣內)도 깨끗하고

二三、반 고시매 머리는 정교시(情交時)에 조화가 있다。

五、관상학에 의한 求夫(구부)법

여자는 어떠한 남자를 맞이하여 장구한 세월을 서로 믿는 마음으로 동주동운(同舟同運)에 일생을 의탁(依托)하고 백년고락을 같이 할수 있을까 대체 남자는 무엇보다도 마음이 충실하고 몸이 건강하고 자기(自己)와 이상(理想)이 맞아야 될것이다。

여자의 장구한 행복과 불의의 치욕이 모두 남편에서 나오나니 아무리 남여동등권(男女同等權)을 불어짖어도 모든 점으로 보아 여자는 미약한 편이 많다 아니할수 없다。 그러면 완전한 가정을 이루려면 먼저 남편의 힘이 가장 필요할 것이다。

그러면 관상학상으로 남자는 어떠한 조건(條件)이 구비 되어야 할 것인가!

一、머리가 비교적 크고、 이마가 넓고 눈이 맑고、 음성이 명랑하고、 코끝이 둥글어야 될것이다。

二、만일 이와 반대로 머리가 적으면 기(氣)가 약하여 큰일을 못하고 일생을 노고(勞苦)로 지낼 것이요。

三、이마가 좁으면 초년에 고생할뿐 아니라 만년(晩年)까지 평안치 못할 것이오。

四、눈이 흐리면 큰 사업을 못하고

五、음성이 약하면 장수하지 못하고

六、코 끝이 적으면 권세와 재산이 없다。

이제 남편 여하에 따르는 가정의 성쇠를 본다면!

七、남자가 너무 미남자(美男子)이면 사업에 성공이 적고

八、이와 반대로 너무도 모질고 험상(險相)이면 의외(意外)에 실패(失敗)가 많다

九、남자의 음성이 말소리(馬聲) 같이 깽깽하여 성질이 강폭하든가、향상(恒常) 노기가 등등하여 공연히 불평을 가진다든가、눈 꼬리에 주름살이 많고 하턱이 길면 일생을 타향 살이를 하게된다。

一〇、목이 가늘고 피부가 팽팽하면 일찍 죽는다。

一一、목이 굵고 길며 눈이 사나워서 감옥 출입을 예사로 한다든가

一二、술 안먹고도 취한것 같아서 공연히 세상을 비관하고 의외로 변사(變死)한다는 것이다。

一三、이마에 잔 금이 많고 미중(眉中)에 흑치(黑痣)가 있어 늘 화재(火災)를 당한다든가

一四、인중(人中)에 교문(交紋)이 있고 어미(魚尻)에 흑치(黑痣)가 있어 뜻 밖에 수액(水厄)을 본다든가

一五、수지(手指)-손가락이 짧고 콧 구멍이 좁으면 인색하기 짝이없다。

一六、이목구비(耳目口鼻)가 다 크고 언어 동작이 쾌활하여 용전여수(用錢如水)를 한다 든가

一七、몸에서 악취(惡臭)가 나고 얼굴이 항상수용 되었으면 무자격이다。

一八、미간(眉間)이 좁고 콧마루가 컴컴하면 속병(內科病)이 늘 떠나지 않는다。

一九、목에 후골(結候)이 커서 공연히 처자(妻子)에게 까다롭게 한다

이와 같은 남편을 만난 여자로서야 그 얼마나 비운이라 하겠는가!

대체로 남자는?

二〇、콧 마루가 명랑하고 인당(印堂)이 광활하면 일생에 병이 없고

二一、코 끝이 크고 입이 넓으면 의식(衣食)이 넉넉하고

二二、 면상에 비해 코가 크고 길며 눈이 검고 맑으면 반드시 재주가 있어 남달리 성공 한다。

二三、 귀(耳)가 크고 희면 만년에 국사(國師)가 될것이고

二四、 귀가 붉으면 그 마음이 심히 영리 하고

二五、 눈썹 꼬리가 들리면(眉毛上奉) 천성이 조급하고

二六、 코 끝이 뾰족하면 남에게 이롭지 못하고

二七、 행보시(行步時)에 몸을 움직이지 않으면 큰 부자가 되고

二八、 마주 앉아서 코 구멍속이 보이면 빈궁(貧窮)하고

二九、 평시에 항상 냉소(冷笑)하는 자는 양심(良心)이 딴데 있고

三〇、 좌 우(左右) 구각(口角)이 아래로 축쳐지면 일생에 구설(口舌)이 많고

三一、 좌 우 구각이 위로 들리면 이것을 호구(虎口)라 하는데 만종록(萬鍾祿) 하늘의 복을 받을 것이다。

三二、상하(上下) 입술이 바로 맞으면 마음이 충량(忠良)하고

三三、입 양 옆에 선금(立線)을 법령이라 하는데 이금이 넓고 길면 반드시 위험성이 있고

三四、눈썹과 눈이 접근(接近)하면 자수로 성가(成家)하고

三五、수장(手掌)－손바닥이 부드러우면 문필(文筆)로 종사 하고

三六、수장이 굳으면 노역(勞役)으로 종사하게 된다

三七、몸은 여윈데 얼굴만 살찐(肥) 사람은 마음이 좋으나 빈곤하다。

三八、몸은 살찐데 얼굴(顔)에는 살이 없는 자는 성질이 까다로우나 돈이 많다。

三九、남자가 몸이 얼굴 보다 희면 귀격이오。그와 반대면 천격이다。

四〇、이마 위에 잔금이 많으면 일생을 수고하고

四一、코가 짧은 자는 재앙(災殃)이 많다。

四二、눈 두덩이 높은자는 자기고집만 생각하고 남을 낮추어 보며

四三、눈 알이 붉은 것이 많으면 친척도 몰라 보고
四四。눈에 첩모(接毛)가 특별이 길면 미련하고
四五、코 끝에 작반(雀班)이 많으면 모든 일이 잘 되지 않는다。

철학의(哲學) 진리는 어두운 사람을 밝은데로 인도함이다。범연히 생각지 말라 이제 남자에 대한 생리학적 비결을 설명 기록 하자면!

一、미모(眉毛)가 많은 자는 양모(陽毛)가 많고
二、미모가 드문자는 양모도 드물다。
三、코 끝에 점이 많은자는 하초(下焦)에 병이 있고
四、항문주변(肛門周邊)에 털이 많은 자는 음흉하고
五、구두(亀頭)에 흑점은 자랑할 것이 못되고
六、코가 긴자는 음경이 길고
七、코의 뼈가 가는자는 음경이 적으며
九、코 끝이 퍼진자는 음경 구두(亀頭)가 크고

一〇、코 끝에 살이 많은자는 음경이 적으며

一一、구두가 검은자는 일찍이 아들을 기르고 흰자는 늦게 아들을 둔다。

一二、양모가 거슬러 난자는 부부 불목하고

一三、양모가 없는 자는 무자하고

一四、고환이 축 늘어진 자는 양기가 부족하고

一五、고환이 바짝 다가붙은 자는 교접력(交接力)이 강하며

一六、입이 작은 자는 항문이 좁고

一七、눈 꼬리에 주름이 많은 자는 호색(好色)하고

一八、상하(上下) 입술이 검은 자는 희색(稀色)의 색마이며

一九、고환에 주름이 없는 자는 아들이 없고

二〇、소지(小指)가 큰자는 고환이 크다

六、女子의 나이로 결혼시기 보는 법

나이로서 결혼시기를 보는 방법중 다음은 천기대요(天機大要)에 수록되어있는 법입니다。 현재까지 많이 사용하였고 또한 많이 사용하고 있읍니다。

※子、午、卯、酉(쥐、말、토끼、닭)는 띠를 말함

子午卯酉生		
화합	보통	이별
17	18	19
20	21	22
23	24	25
26	27	28
29	30	31
32	33	34
35	36	37
38	39	40

寅申巳亥生		
화합	보통	이별
16	17	18
19	20	21
22	23	24
25	26	27
28	29	30
31	32	33
34	35	36
37	38	39

辰戌丑未生	화합	보통	이별
	15	16	17
	18	19	20
	21	22	23
	24	25	26
	27	28	29
	30	31	32
	33	34	35
	36	37	38

「해설」 화합이 드는해 즉 결혼하면 대길하여 부부가 서로 화합하여 행복하고 보통이 되는 해에 결혼하면 글자 그대로 보통이고、 이별이 되는 나이에 결혼하면 이별한다든지 풍파가 많게되니 흉하게 됩니다。 이것은 三년마다 좋고 나쁘고 한것이 변합니다. 참고해서 볼것이며 재혼、 초혼을 막론하고 이와 같은 방법으로 활용할 것을 강조합니다。

○四柱八字로서 결혼시기 보는법

사주팔자를 응용하여 결혼을 몇살에 하면 좋은가를 알아보는 방법은 소위 流年(유년)에 月支(월지)와 또는 日支(일지)를 대조하여 보는 것입니다。 즉 流年(유년)과 合이 되는 해에 결혼하면 부부서로 화합하여 행복하게 살게되고 沖이나 刑이 되는 해에 결혼하면 인생살이에 풍파가 많게되며 심한 삼은 헤어지는 수도 있게 됩니다。

○合과 沖이 되는것을 보는 방법은 전항에 사주궁합법란을 보면 알수 있음。

○예를 들면 月支가 寅인 사람이 丁卯(정묘)에 결혼을 했으면 한다면 月支 인(寅)과 流年(유년) 丁卯년의 卯와 寅을 대조하여 보니 합도 아니고 충도 안되니 보통 평길하다고 보며 三년후인 庚午년에는 유년의 支인 午와 月支인 寅과 대조하여보니 合이 되는 고로 결혼에 좋은 운이 된다고 보는 것입니다。

이와같이 月支 또는 日支와 합이되는 운에 결혼한 사람이 남보다 더 행복하게 살게되는 것입니다。

반대로 月支나 日支하고 沖이나 刑이되는 해에 혼인한 사람들은 부부서로 불화하는 경향이 많고 혹 화합한다 하면 의외로 다른 액운이 많이 발생하게 됩니다。 冲刑이되는 해에 나쁜 궁합을 가진 사람끼리 결혼을 한다면 이별을 더많이 하게되며 패가 망신을 하게됩니다。

그외 결혼 시기를 보는법은 많이 있읍니다만 다음 기회에 소개하겠읍니다。

제七편 宮 合

一、普通宮合法(納音五行으로 보는 宮合)

○宮合解說(궁합의 해설)

男金女金 길가에 있는 도리(桃李)의 격이니 양금이 서로 부딪쳐 점점 모진할 것이오。두 부부가 서로 만나매 길이 탄식할수니 강한자는 유해지고 유한자는 강해져서 타향(他鄉)에서 곤란을 몇번이나

당했으리오。자손은 창성하나 가세가 빈약하여 무정하고 부부동기간에 불화하리라。

男金女木

곤란한 뒤에 잘되는 격이니 쇠로 나무를 찍고 먹줄을 맞추어서 큰 재목을 만들게 되니 즐거울 때와 어려울 때가 그 몇번이던고 예의를 지키고 법도를 생각하여야만 마침내 일가의 안정을 얻을 것이다。자손이 불화하고 가정이 궁핍하며 만사에 구설이 많을 것이다。

男金女水

어룡이 물을 얻은 격이니 금과 물은 서로가 생하는고로 기쁜일이 날로 더하여 겨울(冬) 지낸 초목이 봄을만난 것같다 부부간의 금슬이 좋고 자손이 집에 차고 효성이 지극하다。장자는 일찍죽고 차자는 장수하여 일세에 명망이 거룩할 것이다。

男金女火

화분(花芬)의 매화가 봄을 기다리는 금이 불에 들어가니 그 본질을 알것이다。부부가 서로 만나 이별하지 못하나니 초년은 재산이 많으나 다 패진하고 자손의 양육도 원만치 못할 것이다 일별수 있고 자손운도 불길하다。

男金女土

봄날에 난초를 심는 격이니 흙에서 금이 나니 서로 도움이 많다。 전생에 가약(佳約)은 백년(百年)을 기약하고 빈부의 귀천이 이 천정(天定) 한배요 우락을 같이함에 자손이 왕성하고 사방에 전답을 두고 노비가 무수하며 명랑이 세상에 진동하며 평생을 즐겁게 지낼것이다。

男木女金

바람앞에 등불 격이니 금과 목은 상극이라 과부가 안되면 홀아비될 것이요。 사방에서 새벽이면 닭우는 소리뿐이로다 인간에 부탁하노니 조혼(早婚)하지말라 청춘에 원한이 하늘에 사무친다 일생을 쓸쓸하게 지내고 자손이 성치 못하고 재앙이 간간히 침노한다。

男木女木

소(午)는 밭(田)갈고 말(馬)은 차끄는 격이니 두 나무가 같이 만나니 그 소용(所用)이 각각이어 부부동거 하되 뜻은 같지 않는다。 이 가운데 년운(年運)이 좋으면 자손도 있고 성공한다。 평생에 의식의 걱정은 없을 것이다。

男木女水

고기가 변하여 용(龍)이 되는 격이니 고목(古木)이 봄을 만나 날로 변화한다 직업이 점점 왕성하고 백사가 대통한다。 부부금슬이 지극하고 자손이 효도하며 친척이 화목하여 평생에 복록이 무궁하여 부귀장수 하리라。

男木女火

높은 집에서 거문고 타는격이니 높은 다락과 큰집에 때를 따라 즐겁게 서로만나 부귀와 빈천을 자연에 맡기었다。 눈앞에 五子二女를 둘것이요 금의(錦衣)와 복식이 그리울 것이 없으며 복록이 무궁하여 만인의 숭앙을 받을 것이다。

男木女土

고기가 얕은 물에 있는 격이니 나무는 본래 땅위에 있으니 그 땅에 빛(日光)을 가리우나니 비루한 상극이 어찌 용열치 않으랴 서로 만남이 역시 천정(天定)이나 백년고락이 이집에 있고 친척이 불목하고 자손이 불효하며 재산이 소모하여 패가 망신 하리라。

男水女金

봄날에 꽃이 핀격이니 재자가인(才子佳人)이 서로만나 취미가 진진하다。가도가 흥왕하니 누구를 부러워하랴 삼남삼녀가 문전에 영광이다。 금생수하니 부귀 혼연하고 자손이 창성하니 친척이 화목하고 노비 전답이 많으리라

男水女木

큰 길에 말이달리는 격이니 水生木이라 범사 대길 할수니 수신제가하고 근검절약하여 자수성가(自手成家)할 것이다 사람의 마음이 다만 재물에 있어 간곳마다 운수가 열리고 자손도 창성하고 일가친척이 화목하여 말년에 큰 공명이 있으리라。

男水女水

봄물에 고기가 노는 격이니 부부의 금슬이 화합하여 전생에 인연으로 만사가 성취되고 재물이 풍부하여 가도가 창성하고 자

손이 만당하여 전답이 무수하며 평생에 남의 구설없이 평안히 지내리라。

男水女火

소경이 개천가에 섰는 격이니 수화는 상극이라、강약이 부동(不同)한데 하물며 성정(性情)이 다르랴、묻나니(聞) 전생에 무슨 죄로 두사람이 서로 만나 일생을 그르치랴 자손이 불순하고 친척이 원수되어 가중에 불만이 점점 높아 자연히 쇠망하리라。

男水女土

나무 밑에서 토끼를 기다리는 격이니 水土는 상극이라。무엇이 될것이냐 병고와 근심이 떠날날이 없다。호탕한 남자라도 마음이 산란하여 공연히 세상을 원망할 뿐이로다 자손은 비록 있으나 금슬이 좋지 못하고 재물이 없어 자연히 패망 하리라。

男火女金

북이 깨져 소리 나지않는 격이니 금과 화는 상극이라 서로 화합지 못할것이다。만나는 날은 적고 헤어지는 날은 많다 간간히 또한 큰 화가 있으니 만약 일찍 이별하지 않으면 고생이다 자녀도 많지 못하고 만사가 갈수록 인륜이 어지러워지고 재물이 흩어진다。

男火女木

꽃이 비를 맞은 격이니 봄을 만나 점점 변화하니 이집에 복록이 또한 적지않도다 부부 금슬이 좋고 자손의 영화 수가 있으니 부귀공명 하리라。

男火女水

깨어진 배로 강을 건너는 격이니 산 남쪽이나 산 북쪽에 음양이 다르나 낮에는 행치못하고 밤에 행하는고 지식있는 남자는 응당 이 이치를 알것이니 부부 해로치 못하고 재물이 흩어지고 친척이 불목하리라。

男火女火

짐을 지고 불에 들어가는 격이니 두 불이 서로 붙으니 재물이 속히 모진한다。소년에 사별할 수니 이것도 천명이라 우연히 만난 이 인연이 역시 좋지 못하다。이 부부는 서로 삼가서 일찍이 헤어짐만 못하도다 재물도 없고 부부화목지 못하고 자손도 없고 항상 재앙만 많으리라。

男火女土

수(壽)하고 부(富)하여 아들이 많은격이니 예법(禮法)으로 집을 지키고 의리로 몸을 행하니 귀객(貴客)은 언제나 이 집에 떠나지 않을 것이나 슬하에 五子가 나열하니 이집에 경사로다 오복(五福)이 구존하며 일생에 근심이 없고 도처에 이름을 날리고 만사 대길하리라。

男土女金

창고에 미(米)곡(穀)을 쌓아 둔 격이니 흙속에 금옥이 세상에 나오니 가운이 점점 흥왕하며 만사가 여의하다 근검 저축하여 큰 부자가되니 재물을 따라 길운이 따라온다。자손이 뜰에 차고 노복이 무수하니 일생을 근심없이 지내리라。

男土女木

기둥이 부러져 집이 기울어진 격이니 빈한한 생계에 몇번이나 현처를 생각하다 미련한 마음에 스스로 노(怒)를 말하도다 관재 구설이 부절하고 겉으로만 풍족한듯 하나 내용이 부족하여 일생을 근심으로 지내리라。

男土女水 돌 위에 말 달리는 격이니 水土가 상극이라 이집 운수가 영채(零替)됨을 자연 알리도다。우수와 재난이 항상 떠나지 않으니 노류장화(路柳墻花)라도 또한 기쁠것은 아니다。자손은 비록 있으나 동서로 흩어지고 생리사별이 무수 하다。그리고 자연 패가한다。

男土女火 꾀꼬리가 버드나무에 오른격이니 봄 물에 원앙이 서로 회롱하고 동천에 서광의 빛이 나리라。연연히 오는 이집에 경사 부귀 영화뿐이로다。효자와 효부가 매일같이 봉양하고 또한 금슬이 좋아 백년을 걱정없이 살것이로다。

男土女土 목단화(木丹花) 만발한 격이니 음양 철학(哲學)을 다 비추워 보더라도 복(福)은 선인에 있고 화(禍)는 악인에게 있나니 근검한 이가정에 무엇이 어려우랴 자수로 성가하니 자손이 창성

하고 부부 화합하니 만인이 부러워 한다。

二、四柱宮合(사주궁합)이란

사주궁합이라고 하는것은 男女(남여) 두 사람의 四柱를 서로 대조하여 상세하게 관찰 판단하여 보는 방법을 말하는 것입니다。 여기에서 두 사람의 四柱八字(사주팔자)를 대조하여 보는데 사주를 보는식으로 五行과 陰陽(음양)의 조화를 살피고、또한 각 개인의 부부운(夫婦運)의 길흉에 대하여서 宮合(궁합)의 길흉을 판단하는 것입니다。 소위 궁합、궁합하지만 이 사주궁합법으로써 궁합을 보아야만이 취길(最吉)、피흉(避凶)을 할수있게 되어 행복하게 살수 있다고 보는 것인데 다음 四柱宮合(사주궁합) 法에서 자세히 설명 하오니 활용하여 주시기 바랍니다。

(1) 十干의 合(합)

十干	합되는 것
甲	己
乙	庚
丙	辛
丁	壬
戊	癸

이 표와 같이 甲과己 乙과庚등은 서로 합이되는 것이니 떨어지려고 하여도 떨어질 수가 없으며 마음과 몸이 서로 합하여 하나가 되니 행복하게 살것이며 귀자(貴子)를 두게 됩니다。남녀(男女) 사주팔자(四柱八字) 내기둥의 간(干)이 이렇게 합이 되면 궁합이 대길하여 행복하게 됩니다。 그런데 이렇게 부부가 만나기는 힘든 일입니다。

(2) 十干의 沖(충)

十干	충되는干
甲	庚
乙	辛
丙	壬
丁	癸
戊	己
己	戊
庚	甲
辛	乙
壬	丙
癸	丁

이 표와 같이 甲이 庚을 보면 충(冲)이 되는 것이니 서로 만나면 해로움이 많고 부부 서로 이길려고 하게되는 것이니 뜻이 맞지않고 헤어지는 수가 있게된다。 이 중에 戊와己의 작용은 좀 약한편에 속한다。 그러나 해로움은 있게된다。

(3) 十二支의 合

十二支	子	寅	卯	辰	巳	午
合되는 支	丑	亥	戌	酉	申	未

이 표와 같이 十二支는 서로 合이 되는 것이 있는데 이렇게 부부가 만나면 서로 아끼고 사랑하게 되며 행복한 가정을 이루게 된다。 이중에 寅과亥 巳와 申의 합은 작용력이 좀 약하다고 본다。

(4) 十二支의 冲

十二支	沖되는 支
子	午
丑	未
寅	申
卯	酉
辰	戌
巳	亥

이 표와 같이 子와午 丑과未 寅과申등은 서로 충이 되는데 자석에 비유하면 N극과 N극、S극과 S극이 만나는 것과 같아서 서로 배척하게 되어 서로간에 해를 보게된다。

부부가 이렇게 만나서 살게되면 서로 마음이 맞지않아 불화한 일이 많게되고 마침내는 이별을 하게된다。 만약에 억지로 헤어지지 않고 살아 볼려고 한다면 남모르는 괴로움을 각오 하여야하며 실제로 고통이 따르게 되는 것입니다。

二、寅巳申의 삼자가 있읍니다。男女(남여) 사주의 지(支)가 이렇게 삼자가 모이게 되면 나쁜 궁합이되며 서로 불화하게 되고 이별하게 되는데 이별은 갑작스런 사고나 급병(急病)으로 이별 하는수가 많습니다。극히 조심하여야 할 궁합입니다。

(6) 十二支의 三合(삼합)

十二支	三合局
申子辰	水局
寅午戌	火局
亥卯未	木局
巳酉丑	金局

十二支에는 三刑이 있으니 三合도 있는 것인데 三合은 이 표와 같이 삼자가 男女(남여) 궁합에서 만나게 되면 三刑의 반대 현상이 일어나게 되는 것이니 부부 서로 화합하여 행복하게 살게 될 것이며 귀한 자식을 두게됩니다。

(7) 方合(계절합)

十二支	寅卯辰	巳午未	申酉戌	亥子丑
合局	春 東	夏 南	秋 西	冬 北

이 표와 같이 寅卯辰 삼자나 巳午未의 삼자(三字) 등이 서로 모이면 이를 계절합이오 또는 方合(방합)이라고 하는데 十二支의 三合과 같이 吉한 작용을 하게되니 부부가 서로 사랑하며 비록 만날때는 가난했다 하여도 점점 가업이 번창하여 부자가되고 행복해 진다。

(8) 十二支의 刑

十二支	子	丑	寅	卯	辰	巳	午	未	申	酉	戌	亥
刑	卯	戌	巳	子	辰	申	午	戌	巳	酉	未	亥

이 표와 같이 子와卯 丑과戌 辰과辰등은 형이되는데 男女가 이렇게 만

나게 되면 서로 불화하여 부부생활에 파란이 오게되며 이별하기도 한다。

이에 설명한 여덟가지를 활용해서 남녀 궁합보는 법은 다음과 같이 남여의 사주팔자를 대조하여 보게됩니다。

「예를 들면」

四柱八字는 다음과 같이 표시합니다。

년주(年柱)……………출생한해……………뿌리(根)
월주(月柱)……………출생한달……………싹(苗)
일주(日柱)……………출생한날……………꽃(花)
시주(時柱)……………출생한시……………열매(實)

사주는 이와 같은 뜻이다。

남여 사주대조시의 기재법

(남자사주 乾)　　(여자사주 坤)

년주……………丁酉　　년주……………辛丑

월주……壬寅　　월주……丁酉
일주……甲子　　일주……己丑
시주……己巳　　시주……甲戌

이와 같은 丁酉생 남자와 辛丑생 여자의 궁합을 해설하면 다음과 같이 되는 것입니다。 즉 남자사주와 여자사주를 대조하면 년주(年柱)는 년주끼리 대조하고、월주는 월주끼리 대조하며、일주는 일주끼리 대조하고、시주는 시주끼리 대조하여 보는 것인데 서로의 干은 干、支는 支끼리의 合과 冲形이 되는 가를 살펴보는 것인데 좋은 점(合이되는 것)이 많으면 궁합이 좋다고 보는 것이며 반대로 나쁜점(冲刑 三刑)이 많으면 궁합이 나쁘다고 보는 것입니다。 그리고 나쁜점과 좋은점이 잘 나타나 있지 않는 사람들끼리의 궁합은 보통(평길)의 궁합으로 보는 것입니다。

예시에 대하여 다시 설명을 들면

一、남자는 丁酉生이니 납음五行은 山下火(산하화)가 되고 여자는 辛丑

生이니 납음五行은 壁上土(벽상토)가 되니 男과 女의 납음五行은 火와土이다。 火生土가 되니 서로 상생이 되어 좋고

一、남자의 년주의 간(干) 丁과 여자의 년주의 간은 合과 沖이 아니니 보통이고

一、년주의 支는 酉와 丑이되니 三合작용이 있게되어 길하게 되니 좋고

一、월주의 干은 壬과 丁이니 合이되어 대단히 좋은 작용을 하게되니 좋고

一、월주의 支는 寅과 酉가 되니 이는 원진(怨鎭)이라고 하여 나쁜 작용을하니 흉하고

一、일주의 干은 甲과 己가되니 合이 되어 대단히 좋다。

一、일주의 支는 子와 丑이 合이 되어 대단히 좋고

一、시주의 干은 己와 甲이되니 合이 되어 좋고

一、시주의 支는 巳와 戌이 되는데 이는 合도 안되고 沖刑도 안되니 평

길로 보는 것입니다.

이와 같이 丁酉生 男子와 辛丑生 여자의 四柱八子를 대조하여 궁합을 보니 좋은점은 많고 나쁜점이 적으니 매우 좋은 궁합으로 보는 것입니다. 이 두 남녀가 결혼한다면 서로 사랑하게되며 헤어지도록 누가 방해를 한다 해도 헤어지지 않고 행복하게 살아가게 되는 것입니다. 合이 많은 부부는 설령 사주가 나빠서 의식은 다소 부족하다 하여도 부부의 금슬은 좋아 원앙의 한쌍같이 서로 사랑하며 백년을 해로하게 되는 것입니다.

※四柱八字를 서로 대조하여 冲과 刑이 많은 宮合은 아무리 이별을 안 하려 애를 써도 결국은 이별이 되는 것이다.

三、孤辰寡宿殺(고진 과숙살)

홀아비와 과부가 되는 살은 다음과 같이 본다(참고로 하시기 바람)

재살＼생년	寅午戌年	申子辰年	亥卯未年	巳酉丑年
八敗殺	12 6 2月	9 6 3月	3 12 6月	3 9 9月
飛天殺	5 5 10月	1 2 3月	10 5 10月	3 1 1月
重婚殺	6 10 2月	12 4 8月	3 7 11月	9 1 5月
穿胎殺	4 2 6月	4 2 6月	7 5 3月	7 5 3月
産厄殺	10 2 6月	4 8 12月	7 11 3月	1 5 9月

「해설」

(1) 八敗殺(팔패살)은 남자는 첩을 많이 두고 여자는 화류계의 격
(2) 飛天殺(비천살)은 남녀간에 병신되는 격
(3) 重婚殺(중혼살)은 여러번 시집가는 격
(4) 穿胎殺(천태살)은 여자가 잉태 하지 못하는 격
(5) 産厄殺(산액살)은 산액살이 많은 격

「알아둘일」

(1) 寅卯辰年(인묘진년)에 난사람이 四月생이면 홀아비、十二月생이면 과부될 격

(2) 巳午未年(사오미년)에 난 사람이 七月생이면 홀아비、三月생 이면 과부될 격

(3) 申酉戌年(신유술년)에 난 사람이 十月생이면 홀아비、六月생이면 과부될 격

(4) 亥子丑年(해자축년)에 난 사람이 正月생이면 홀아비、九月생이면 과부될 격

○ 다음에 기록한 생월이 합치 되는 男子와 女子는 절대로 결혼 함이 불길 하니 가급적 피하는 것이 좋다

남여 생월에 대한 멸문법(滅門法)

一、正月生女子는 九月生男子와

一、二月生女子는 八月生男子와
一、三月生女子는 五月生男子와
一、四月生女子는 六月生男子와
一、五月生女子는 正月生男子와
一、六月生女子는 十二月生男子와
一、七月生女子는 三月生男子와
一、八月生女子는 十月生男子와
一、九月生女子는 四月生男子와
一、十月生女子는 十一月生男子와
一、十一月生女子는 二月生男子와
一、十二月生女子는 七月生男子와

※ 이해를 쉽게 하기 위해 도표를 제시 해두니 참고 하시오。

女子	男子
1	9
2	8
3	5
4	6
5	1
6	12
7	3
8	10
9	4
10	11
11	2
12	7

멸문법 즉 조견표와 같이 남자와 여자가 만나면 아들을 못두게 됩니다。

만약에 이와같이 만난 부부사이에 아들을 두게된다면 부부가 생이별이나사별을 하는 수가 있게되고 아니면 그 자식이 불행하게 됩니다。

혹 어떤 사람은 재산을 실패하여 가난하게 사는 사람도 있읍니다。

※참고 申酉戌生 남자가 亥未생 여자와 만나도 무자하는 경향이 있읍니다。

○相刑殺(상형살)

子午生 男子와……………卯酉生女子
丑未生 男子와……………寅申生女子
辰戌生 男子와……………子午生女子

寅申生 男子와……丑未生女子
卯酉生 男子와……巳亥生女子
巳亥生 男子와……辰戌生女子의 경우는 相刑殺이라하여 혼인상 대단히 꺼리는 배합이다(참고로 하시오)

四、相尅(상극)되는 五行의 利用法

古典(고전)에 보면 다음과 같이 五行이 상극(相尅)되어야 좋다고 하였으니 참고하시기 바랍니다

(1) 沙中金(사중금) 釼鋒金(검봉금)은 火(화)를 만나야 큰 그릇을 이루고 좋아진다

(2) 霹靂火(벽력화) 天上火(천상화) 山下火(산하화)는 水(물)를 만나야 영화를 보게 되고

(3) 平地木(평지목)은 金(금)을 만나지 못하면 吉함이 적고
(4) 天河水(천하수)는 土(흙)를 만나야 좋다
(5) 路傍土(노방토) 大驛土(대역토) 沙中土(사중토)는 木(목)을 만나야 길
하다。

○ **怨嗔殺**(원진살)

婚姻(혼인)은 人生에 가장 신성한 결합이니 婚禮(혼례) 예식일에 郎家(낭가)에서 서로 불평이나 또한 爭鬪(쟁투)가 있으면 이는 부부간에 장래가 극히 좋치 못하오니 특히 주의하라

부부간에 만일 원진살이 끼이면 항상 서로 원망하여 불평 불만이 있는고로 이 이치(理致)를 알고는 결코 혼인함이 좋지 못하다。 그 원진살은 다음과 같다。

(1) 子年生은 「未年生」을 꺼리나니(자는 쥐、미는 양) 쥐는 양의 뿔이 땅으로 늘어져서 제몸을 다칠까 우려하고
(2) 丑年生은 午年生을 꺼리나니(축은 소、오는 말) 소는 말이 주인에게

호감사는것을 미워한다。

(3) 辰年生은 亥年生을 꺼리니 (진은 용、해는 돼지) 용은 돼지 머리가 제 머리와 같은 것을 미워한다。

(4) 卯年生은 申年生을 꺼리나니(묘는 토끼、신은 원숭이) 토끼는 원숭이가 언제나 자기를 쫓아다니는 것을 미워한다。

(5) 寅年生은 酉年生을 꺼리나니(인은 범、유는 닭) 범은 인가에 내려왔다가 닭이 울면 날이새는 고로 미워한다。

(6) 巳年生은 戌年生을 꺼리나니(사는 뱀、술은 개) 뱀은 개가 빠른고로 자기가 해될까 싫어한다。

十支의 원진살 子―未 丑―午 寅―酉 卯―申 辰―亥 巳―戌 이 원질살이다。

五、夫婦生年月 數를 合算하여 平生運 보는법

出生年 子午卯酉年生은 一
出生年 寅申巳亥年生은 三
出生年 辰戌丑未年生은 四
出生月 十一、五、二、八月 生은 一
出生月 五、七、四、十月 生은 三
出生月 三、六、九、十二月 生은 四

「보는법」=夫의 生年이 巳면 三이오 夫의生月이 八月이면 一이오 合年四이고、婦의 生年이 戌이면 四요 婦의 生月이 三月이면 四요 合計八이요。夫婦의 生年數와 生日數를 合하니 十二이다 다음 十二文을 찾아 보면 이사람들의 夫婦 平生운이 나온다

四數 財産豊足 재산이 풍족하고 한평생 **善事多煩** 선한일을 많이하는 격

五數 都無吉慶 즐겁고 좋은 일은 없고

但有凶事 흉한 일만 많다。

六數 富貴高堂 부귀가고 좋은일이 만당

好事頻頻 하고 경사가 잇따른다。

七數 和樂家庭 가정이 화목하고 흥성하며

午馬興旺 집안에 있는 가축도 흥한다。

八數 上下和睦 집안의 아래 위가 화목하고

萬事大吉 모든 일이 대길하다

九數 財產消耗 재산은 나가고 모든 일에

每事不成 성사가 잘 안된다。

十數 日常幸福 집안이 항상 행복하고

時來吉祥 날이 갈수록 좋은 상이다。

十一數 家內不睦 집안이 화합치 못하고
凶事不絶 한평생 흉사는 그칠날이 없다。

十二數 多經辛苦 숱한 苦生을 지내고
晩來同樂 말년에는 같이 행복하리라。

十三數 吉慶到門 좋은일이 문전에 와있고
財旺產興 산업이 旺盛하여 재산이 만당하다。

十四數 財物損失 재물이 나가고 집안에
人口多傷 사람의 해가 많으리라。

十五數 幼時困滯 어린시절부터 곤란이
流難他鄕 많아 타향에서 어렵게 지내리라。

十六數 百年琴瑟 부부 금슬이 좋아서 백년
調和富貴 해로하고 부귀 하리라。

제八편 남여 상에 대한 상식

一、 남、여 관상의 다른점

▲여자에 대하여

一、 머리가 적으면 천성이 영리하고
二、 머리 털이 검으면 천성이 유순하고
三、 이마가 평평하면 부부 해로하고
四、 눈썹이 가늘면 총애를 받는 아내가 되고
五、 눈이 크고 유정하면 지혜 있으며 정이 있고
六、 관골이 높지 않으면 남편과 상극이 없고
七、 코 끝에 살이 많으면 사람에게 해를 주지않고
八、 말 할때에 이가 보이지 않으면 부덕(婦德)이 있고
七、 입술이 엷고 붉으면 자녀를 많이 낳고

一〇、얼굴이 둥글면 만년이 평안하고

一一、언어가 명랑하면 부귀할 수요。

一二、손 발이 고우면 일생에 노역을 모르느니라。

▲남자에 대하여

一、머리가 크면 귀격이니 기(氣)가 굳세고

二、머리 털이 드물면 귀격이 많고

三、이마가 넓으면 관록이 있고

四、눈 꼬리가 위로 들리면 천성이 강하고

五、눈이 맑고 위엄이 있으면 권세가 있고

六、관골이 높으면 중년에 운수가 좋다。

七、코 끝이 크고 높으면 녹이 많고

八、입이 사자(四字)와 같으면 말잘하고 녹이 많다。

九、입술이 붉으면 문무(文武)에 다 유망하다。
一〇、턱이 모나고 관골이 높으면 만운이 좋다。
一一、말 끝에 운이 있으면 마음이 호협하고
一二、손 바닥이 부드럽고 손가락이 길면 부귀한다。

二、골상에 십대공망(十大空亡)격

누구나 이 十大空亡에 하나이라도 해당되면 절대로 좋지 못한 골상이니 이것이 상법의 원칙이다。

◎額尖無角 이마가 좁고 일월각(日月角)이 없으면 공망이니 부모가 일찍 죽고 소년에 고생하고 조업도 없고 관직도 없다。

◎顏尖面長 턱이 뾰족하고 길면 공망이니 육친(六親)의 덕이 없고 만사의 결과가 좋지 못하여 부부가 각거(各居)하고 만년에 고생

한다。

◎山根缺

산근이 꺾기고 낮으면 공망이니 처자와 상극하고 형제간에 상별(相別)하여 수족에 흉터가 생기고 늘 타향(他鄕)살이 한다。

◎財無城郭

얼굴 중앙이 높으면 공망이니 조업이 없고 귀인이 없고 수명이 길지 않으리라。

◎當門齒露

문치가 항상 보이면 공망이니 부부 불화하고 六親이 돕지 않으면 전택(田宅)을 다 팔아 먹는다。

◎鬚不過唇

웃 수염이 드물고 짧아서 입술을 가리우지 못하면 공망이니 친구가 없고 자손(子孫)이 불효(不孝)하고 모든 일에 힘만 든다。

◎耳無弦根

귀 아래뿌리가 빰에 붙지않으면 공망이니 성격과 행동이 고독하여 귀인이 없고 조업을 파산(破產)하여 늙어서 의지할

곳이 없다 한다。

◎兩唇無鬚 입 위와 아래에 수염이 없으면 공망이니 결코 처자가 없고 말년에 빈한한다。

◎鼻孔仰露 콧 구멍이 들어다 보이는 것이 공망이니 중년(中年)에 사업에 실패하고 사방에 분주하나 별로 되는 일이 없다。

◎天倉飮陷 천창이 꺼진것이 공망이니 조업이 없고 처자와 화목치 못하며 만년에 사방이 분주하다

三、안목법(眼目法)

안목(眼目)을 보는 법은 관상에 가장 어려우니 청(淸) 탁(濁)과 (邪正)사정의 분별로 말미암아 모든 사업에 귀천(貴賤)과 성쇠(盛衰)와 선악(善惡)이 여기에서 나오는 것이다。

그런고로 사람이 항상 눈을

一、상시(上視)하는 자는 성질이 오만하다。

二、하시(下視)하는 자는 음흉하고

三、평시(平視)하는 자는 선량(善良)하고

四、원시(遠視)하는 자는 지혜가 있다。

五、난시(亂視)하는 자는 소인(小人)이요

六、맹시(猛視)하는 자는 포악하며

七、사시(斜視)하는 자는 음란하고

八、근시(近視)하는 자는 미련하고

七、정시(正視)하는 자는 덕이 있다

八、사람을 볼때 눈 앞이 부동하는 자는 도적이오。

九、눈이 큰 사람은 호색하고

一〇、눈이 적은 사람은 단명하고

一一、눈이 맑은 사람은 영귀하고

一二、눈이 흐린자는 노역(勞役)하고

一三、눈의 흑소 백다(黑小 白多)한 자는 양심이 없고(※눈에 흰자가 많은 것)

一四、눈 모양이 삼각으로 된자는 성질이 강하고

一五、눈이 둥근 사람은 졸작하여 하는 일이 틀리며

一六、몸은 여윈데 눈알이 황색이면 짐승을 잘 죽이고

一七、눈 시울이 붉으면 육친(六親)을 물라 본다。

一八、눈 알이 푸른 사람은 성질이 급하다。

一九、눈 꼬리가 축늘어지면 부부가 상리(夫婦相離)하다。

二〇、눈 알이 툭 튀어나온자는 곱게 죽지 못한다。

눈은 모든 사업을 시작하는 근본이요。음성은 모든 사업을 결과하는 요소라 하였다。

四、언어법(言語法)

一、사람이 크고 음성이 크면 영걸(英傑)의 재목이요
一、사람이 적고 음성이 크면 복록(福祿)이 스스로 오고
一、사람이 크고 음성이 적으면 수명(壽命)이 짧고
一、사람이 적고 음성이 적으면 용열(庸劣)할 따름이다。

다음의 음성에 대한 설명을 참고 할것、

一、남자가 여자의 음성같으면 명(命)이 짧고 빈한하다
二、여자가 음성이 남성(男子의 음성)과 같으면 음탕하고 방해가 많다
三、음성이 경(輕)한자는 일에 판단력이 없다。
四、음성이 찢기는 사람은 일에 성사가 적다。
五、음성이 흐린자는 지혜와 꾀가 나지 아니하고
六、음성이 나즉(低)한자는 둔하여 글이 없으며

七、음성이 연(軟)한 자는 입은 달아도(甘) 마음에 고통이 있고

八、강(剛)한자는 마음이 강하고 독이 있나니라。

九、음성이 돌 사이에 물흐르는 것과 같은 사람은 극귀(極貴)하고

一○、음성이 독속에서 말타는것과 같이 나오는자는 오복(五福)이 구전(具全)하다。

一一、음성이 처음에는 울리고 끝에는 쫓기는듯한 사람은 초년에 부(富)하고 말년에는 빈(貧)하다。또 친구간에 정이 없다。

一二、음성이 처음에는 낮으나 끝이 높으면 선조의 힘은 없으나 중년에 자수로 성가한다。

一三、음성이 선후가 다 같이 울리는 자는 크게 창성하고

一四、음성이 처음은 높으나 끝이 낮은 자는 음탕하다。

一五、음성이 처음과 끝이 같이 높은 사람은 조선(祖先)에게 이롭지 못하나 자손이 영귀하고

一六、음성이 중탁(重濁)하여 멀리 울리는 자는 부귀하나 그 지아비를 방해한다。
一七、음성이 비둘기 소리와 같은 자는 인자(仁慈)하고
一八、음성이 까치 소리와 같은 사람은 지능(智能)이 있으며
一九、음성이 올빼미 소리와 같은 자는 성질이 호독하고
二〇、음성이 나귀 소리와 같은 자는 음탕하고
二一、음성이 소 소리와 같은 자는 조심성이 많고
二二、음성이 낙타 소리와 같은 사람은 부귀하고
二三、음성이 코끼리와 같은 자는 장수(長壽)한다。
二四、음성이 고양이 소리와 같은 사람은 참을성이 있고
二五、음성이 양(羊)의 소리와 같은 자는 빈천 하고
二六、음성이 돼지(豚) 소리와 같은 자도 빈천하다。 그리고 음탕하다。
二七、음성이 말(馬)소리와 같은 사람은 명렬(猛烈) 하나니라

◎ 五音 相續說

五音	五行	出音	한글所屬	結果	性能	音調
角	木	牙	가카	有文	貴賤	音感이 高鳴하고 끝이 操急하다。
徵	火	舌	나다라타	有權	剛柔	音感이 焦烈하여 音이 餘韻이 없는바
宮	土	候	아하	有子	貧富	音感이 沈厚하고 끝에가서 雄壯함으로
商	金	齒	사자차	有祿	壽沃	音感이 和潤하고 끝에 音響이 남으므로
羽	水	唇	마바파	有財	智愚	音感이 圓急하고 끝이 流暢하다。

※ 마바파는 唇音이니 五行은 水聲이고 五音에는 羽聲에 屬하고 潤은 清圓하고 財産이 있을것이오 智意도 있다。 音潤이 清圓치 못하면 미련하다。

五、남여 무자식격(男女無子息格)

一、남자편

面如橘皮(면여귤피) 얼굴빛이 귤피 같은자
口角多紋(구각다문) 구각에 잔금이 많은자
鼻上堅紋(비상견문) 콧 마루에 센금이 있는가
面大鼻小(면대비소) 얼굴은 큰대 코만 작은자
睛黃髮赤(청황발적) 눈알이 누렇고
頭大面尖(두대면첨) 머리는 큰데 얼굴이 뻬죽한자
獨鼻孤峯(독비고봉) 면상에 코만 크고 뾰족한자
指頭如鎚(지두여추) 손가락 끝이 북 망치 같은자
人中淺短(인중천단) 인중이 짧고 엷은자
鬚多無髮(수다무발) 수염은 많은데 머리털이 없는자

臥蠶低暗(와잠저암) 눈아래 와잠이 낮고 컴컴한자
鬚直無素(수직무소) 수염이 곳고 꼬불하지 않는자
木形無鬚(목형무수) 얼굴이 긴데 수염이 없는자
眉與鬚稀(미여수희) 눈썹과 수염이 드문자
眼陷成坑(안함성항) 눈이 쑥 들어가 깊은자
이러한 상을 가진자는 자식이 없다。

二、여자편

無眉女子(무미여자) 눈썹이 드문자
兩目深陷(양목심함) 두 눈이 쑥 들어가 깊은자
髮不滿尺(발불만척) 머리털이 아주 짧은자
乳頭不起(유두불기) 젖 꼭지가 나오지 않는자
也類男人(야류남인) 모양이 남자 같은자
脣白脣青(설백설청) 입술이 희든지 또는 푸른자

臍淺女子(제천여자) 배꼽이 두드러진 자
如雷公嘴(여뢰공각) 웃 입술이 길고 아래 입술이 짧은자
無汗女子(무한여자) 몸에 땀이 나지 않는자
大肥女子(대비여자) 몸에 살이 대단히 많은자
齒列朝內(치열조내) 이가 안으로 우긋한자
人中横紋(인중횡문) 인중에 가로 금이 있는자
聲破女子(성파여자) 음성이 쪼개지는 자
觀上多紋(관상다문) 관골에 금이 많은자
有觀無思(유관무사) 관골은 높은데 쇠골이 낮은자
이러한 상을 가진 여자는 자식이 없다。
이밖에도 무자격이 많으나 대략기록 해두었다。

六、男女 血液型에 의한 성격판단법

◎O형은 태양인(太陽人)이다 그의 장점

一、자신력과 결단성이 강하다。
二、인내력이 강하다。
三、감정에 의하여 소신을 굴치 않는다。
四、침착하며 매사에 놀라지 않는다。

◎O형 인의 단점

一、담화 도중에 마음이 우울해진다。
二、성질이 완고하여 남의 말을 듣지 않는다。
三、친구가 많지 않다。
四、한번 성내면 반드시 분풀이를 한다。

◎A형은 태음인(太陰人)이다。 그의 장점

一、온후 유순하며 융화적이다。

二、동정심과 희생심이 강하다。

三、양보적이고 투쟁을 좋아하지 않는다。

四、매사에 세심하고 주의가 깊다。

◎A형인의 단점

一、소극적이고 심중에 동요가 심하다。

二、과히 세심하여 시기를 잃키 쉽다。

三、사양이 많아서 불필요한 일에 마음을 둔다。

四、정에 대하여 잘 감동한다。

◎B형은 소양인(小陽人)이다。 그의 장점

一、쾌활 명랑하고 사교적이다。

二、모든일을 잘 생각한다。

三、철저하며 남의 일을 잘 보아준다。
四、동작이 빠르고 일을 잘 결정한다。

◎B형인의 단점

一、성을 잘 내며 침착성이 없다。
二、너무 적극적으로 나아가는 수가 많다。
三、몸 치장을 좋아한다。
四、담화 교환이 많다。

◎AB형은 소음인(小陰人)이다。 그의 장점

一、육감이 빠르고 매사를 예민하게 생각한다。
二、친철하고 유화적이다。
三、동정심과 희생심이 많다。
四、항상 자기를 반성한다。

◎ AB형인의 단점

一、AB활동을 하기 때문에 마음이 동요한다。

二、가정에서 잔말이 많다。

三、성을 잘 낸다。

四、심중에 근심이 많다。

이상 사람의 혈액에 대한 장점(長点)과 단점(短点)을 보면 자기가 어느 면에 속하는지 잘 알것이다。

◎ 남녀가 결혼하여 생산되는 자식들의 혈액은 다음과 같이 표출된다。

참고할것

※ 결혼및 출생아의 혈액표

모 부	탄	생
O +O		O
O +A A +A	A	O
O +B B +B	B	O
B +B	B	O
AB +O	A	B
AB +A	A·AB	B
AB +B AB +AB	AB	A·B

◎ O형 남자와 O형여자와 결혼 하면 O형의 아들과 딸을 낳을 것이고 AB형 혹은 A형의 아이는 낳지 못한다。

◎ O형의 남자와 A형의 여자와 결혼하면 A형 또는 O형의 아이를 낳는데 B형 또는 AB형의 아이는 낳지 못한다。

그리고 사생아(私生兒)로 그 아버지를 확인키 곤란할 경우에는 법정(法庭)에서 흔히 이 혈액형에 의하여 누구의 아이임을 판단 판결할수 있는 것이다。

七、면치와 면추법(面痣面皺法)

면치(面痣)하면 얼굴에 점(占)을 말한다。

대개 사람의 면상에 점(占)이 있음은 불길하다。 좋은곳에 있다하더라도 없는것만 못하다。 검은점 보다 붉은점이 붉은점보다 흰점이 좋고 또 얼굴에 있는것보다 몸에 있는것이 좋고 몸에 있는 점보다 발바닥에 있는 것이 좋다。

그리고 점위에 털이나야 좋으며、점이 크면 크게나고 점이 적으면 적게 난다。

◎이마에 있는점은 어깨에 응하고

◎귀(耳)에 있는점은 양어깨에 응하고

◎천창(天倉)에 있는점은 가슴에 응하고

◎눈(目) 아래있는 점은 배(腹部)에 응하고

◎코에 있는점은 하초(下焦)에 응하며

◎손 바닥에 있는점은 양무릎에 서로 응한다。

사람의 이마에 주름이 없는 것이좋고 주름이 많으면 운이 좋지 못하다。

◎삼횡문(三橫紋)이 이마에 뚜렷한 사람은 부친을 선별(先別)하고

◎일문(一紋)이 있어 꾸부려서 진 자는 객사(客死)하고

◎사문(四紋) 이상은 좋치못하고

◎인당(印堂)에 세금이 하나 있으면 육친(六親)의 도움을 받지 못하고

◎이마에 잔금이 많은 사람은 재난이 많다。

◎눈(目) 아래 첩섭 횡문(橫紋)이 있으면 빈궁하고

◎ 눈 아래 세금이 흘러내리면 자식이 바르고(정직하다)

◎ 눈썹 위에 난문(亂紋)이 있으면 처자(妻子)를 항상 근심하고

◎ 印堂(인당)에 정선(井線)이 있으면 높은 벼슬을 하고

◎ 콧 마루에 센금이 있으면 양자(養子)를 두게된다。

◎ 산근(山根)에 행문(行紋)이 있으면 극처(克妻)하고 성패가 많다。

◎ 이마에 십자문 있으면 부자(富者)가 되고

◎ 이마에 전자(田字)문 있으면 부귀하고

◎ 왕자(王字)문 있으면 큰 벼슬을 한다。

◎ 간문(奸門)에 주름이 부채살 같이 있으면 몸이 항상 한가롭지 못하다。

◎ 여자가 이마에 삼횡문(三橫紋)이 있으면 남편과 상극한다。

八、산 육(産育)

(1) 생산과 천직(生産과 天職)

하늘은 이미 호생지덕(好生之德)을 가지심으로 우주간(宇宙間)의 삼라만상은 모두 이뜻에 따라 번식함을 위주(爲主)하는 것이오니 우리 인생도 철리원칙(哲理原則)에 따라서 생산과 사망으로 신진대사(新陳代謝)케 되는 것이다。

그러므로 사람에 있어서는 여자(女子)의 생산지도(生産之道)가 가장 큰 천직(天職)이니 다산(多産)자는 천도(天道)에 순응하고 무산자(無産者)는 천도에 역치(逆致)하는 것이다。 그런고로 人間(인간)의 생산이 없이는 이 지구상 인류(人類)의 기생(寄生)을 보장치 못할 것이다。

고로 생육문제가 어찌 이사회에 중대한 문제라 아니 하리오。

九、相法과 生産(상법과 생산)

악(惡)한 자는 자식이 많치 못하고 선(善)한 자는 자식(子息)이 많다。

이것은 조물주가 이미 정하신 것이다。

◎ 남자가 얼굴이 넓고 인당(印堂)이 명랑하면 상식있고 조혼(早婚)하고

◎ 중정문(中正紋)이 길어 천창(天倉)까지 미치면 자식을 일찍두고

◎ 미간이 좁고 천창(天倉)이 꺼지면 혼인이 늦든지 그렇지 않으면 자식이 늦어질 것이다。

◎ 명랑한 얼굴을 가진여자(女子)는 복도많고 다산(多產)하며

◎ 머리가 적고 볼기짝이 큰 여자는 순종하고 다산한다。

◎ 눈(目)이 크고 젖(乳)이 큰 여자는 총명하고 자식을 많이 놓고

◎ 살이 많지않고 입술이 붉은 여자는 건강하고 다산한다。

◎ 인중이 길고 깊으면 자녀를 많이 양육하고

◎ 미부(眉部)가 높으면 자식이 적고

◎ 미미(眉尾)가 위로 들리면 반드시 딸을 많이 낳고

◎ 미두(眉頭)가 늘어져 눈(目)구석에 접근하면 처음난 아이를 상실한다。

◎여자의 입술이 바로 맞지 못하든가 입술 빛이 검으면 자식이 없다。

◎천창(天倉)에 점(点)이 있으면 이것은 좋으니 아들을 四兄弟(사형제)를 둘것이다。

◎콧마루에 선금은 가장 나쁘니 의자(義子)를 기르게 된다。

◎미혼(未婚) 처녀가 출가하여 처음에 무엇을 낳느냐 알고 싶으면 자기 두손으로 자기의 두 귀(耳)를 만저보라!

◎왼귀(左耳)가 두터우면 첫아들 낳고 바른귀(右耳)가 두터우면 첫딸을 낳을 것이다。

◎젖 꼭지가 크고 검으면 자녀 양육이 잘되고

◎젖 꼭지가 적고 희면 자녀양육이 나쁘다。

◎젖 꼭지가 위로 들리면 자식(子息)을 잘 기르고 아래로 처지면 자식이 많이 죽는다。

◎여자 산육에는 배꼽이 높으면 무자하고 그 깊이가 一分이면 一子

二分이면 二子 三分이면 三子를 결코 낳을 것이다。

◎ 여자의 배꼽안에 털이 나면 반드시 훌륭한 아들(秀才)를 낳을 것이다。

아들 없는 남자가 생남(生男)하는 비결(秘訣)이 있으니 이것은 남자의 젖꼭지 주변에 털이 많이나면 이것은 잡초(雜草)라 한다。 그중에서 가슴에 제일 가까운 털(黑色) 一二本을 옥대(王帶)라 하나니 그것만 남기고 모두가 뽑아버리라。 또나오면 또 뽑아 버리라 이렇게 三年을 계속하면 반드시 一子(한아들)를 둘것이다。 五年을 계속하면 二子를 둔다。

이것은 상법에(相法中) 있는 극 비밀이다。

十、 지인지감(知人之鑑)

사람이 이 세상에 나서 남달리 성공하려면 모든 문학(文學)과 과학(科學)을 잘배워야 되지만 또한 인상학(人相學)이 필요(必要)하다。

일일(一日) 二十四時에 잠자는 시간을 제외하고는 사회인을 접촉하게 되는 고로 상대방의 심리、성격、장점、단점등을 모르고는 모든 사교(社交)가 늘 실패로 돌아갈 것이다。

그런고로 다음과 같이 지인지감(知人之鑑)을 써서 독자에게 소개한다。

一、정수리에 낙발이 되면 조업을 변경한다。

一、머리가 대추씨 같은 자는 평생에 좋은 운이 없다。

一、얼굴이 나오고 들어감이 심한자는 사업에 성패가 많다。

一、이마가 넓고 일월각이 높은자는 부하가 많다。

一、머리털이 일월각(日月角)까지 내려나오면 二十전에 부친이 사망한다

一、이마에 푸른 핏줄이 내리서면 어릴때 중병을 앓았을 것이다。

一、이마에 횡선이 많으면 늦도록 빈곤할 것이다。

一、여자가 일월각이 높으면 三六 혹은 四三세에 극부한다。

一、솜털이 일월각(日月角)까지 내려나면 어려서 모친을 이별한다。

一、미중에 틈이 나면 형제가 멀리 헤어진다。

一、눈썹이 적어서 없는것 같은 자는 형제가 원수같다。

一、양미(兩眉)가 가늘고 짧으면 외가(外家)가 반드시 부자이다。

一、눈썹에 선금이 있으면 부모가 이미 사망(死亡) 하였다。

一、눈썹이 느른 남자는 그 처가 항상 음난 하다。

一、양미가 인당(印堂)을 연하면 三六、四一세에 가도(家道)가 태패한다。

一、양미가 눈을 덮으면 재주는 있으나 결단력이 적다。

一、눈썹 꼬리가 위로 들리면 딸이 많고 아들은 적다。

一、눈썹이 초생달 같으면 二二와 二六세에 크게 현달한다。

一、인당이 넓고 눈썹이 길면 二一과 二六세에 크게 말복한다。

一、미두에 역모가 있으면 부모상에 참여치 못한다。

一、미두가 눈 구석에 접근하면 처음난 아이를 기르지 못한다。

一、미두가 희박하면 二六과 二九세에 재산을 패한다。

一、눈썹이 一字와 같으면 二八 三十세에 처자에게 해가있다。

一、눈썹이 반달같이 눈을 두르면 형제가 많지 못하다。

一、인당이 꺼지면 三六세 처자 또는 재산에 이롭지 못하다。

一、인당이 좁으면 병이 많고 자손도 늦다。

一、천창이 꺼지면 취처가 늦고 자식도 늦다。

一、눈이 크고 눈썹이 짧으면 중년에 재앙이 많다。

一、눈 알이 검고 윤택하면 三〇과 三五세에 크게 공명이 있다。

一、눈 구석에 육색이 붉으면 항상 독심을 품는다。

一、여자 눈 꼬리가 아래로 늘어지면 三〇전에 남편을 이별한다。

一、속 눈썹이 길면 그 성질이 미련하고 게으르다。

一、안광이 불과같이 번쩍이면 三〇、三五세에 살인한다。

一、눈 알에 붉은 살이 많으면 초년에 욕심으로 패가한다。

一、눈 아래와 잠이 늘 청색이면 三十五세에 재물을 손해본다。

一、눈이 커서 번들거리면 三十五세 三十七세에 옥사가 있다。

一、누당(淚堂)이 깊으면 三十八세에 처자가 해롭다。

一、간문에 十字가 있으면 그 처가 비명에 간다。

一、어미에 어즈러이 부채살 같이 선이 많으면 늦도록 분주하다。

一、산근(山根)이 꺼지면 三十내외에 처자와 이별한다。

一、산근이 짧고 꺼지면 三十八세에 처자에게 좋지 않다。

一、산근이 기운있게 인당으로 올라가면 아름다운 처를 둔다。

一、산근에 가로 금이 있으면 처가 난산으로 죽는다。

一、콧 마루가 찌그러지면 중년에 관재가 많다。

一、코는 적고 면상이 넓은 여자는 정처는 되지 못한다。

一、간 문이 깊고 컴컴하면 상처와 기처가 많다。

一、코 우편 볼기가 꺼지면 四十五세에 패가 한다。

一、코 좌편 볼기가 꺼지면 四十四세에 패가 한다。

一、코 속이 반반히 보이면 四十五세에 대패수가 있다。

一、콧 마루에 센금이 있으면 타인의 아이를 기른다。

一、콧 마루에 횡선이 있으면 교통사고를 당한다。

一、년상이 꺼지면 四十세에 효목을 입는다。

一、수상이 꺼지면 四十二세에 만사에 불리하다。

一、코가 짧고 오똑하면 三十六세와 四十五세에 만사가 불리하다。

一、코 전체가 납작하면 四十五세에 빈곤하고 고독하다。

一、코가 매코와 비슷하면 四十五세에 패가한다。

一、코가 적고 얼굴이 좁으면 十三、十四세에 부모를 이별한다。

一、코가 크고 입이 적으면 十四、十五세에 집을 떠난다。

一、코가 크고 좌우 코가 일어서면 五十세후에 크게 식구가 는다。

一、코 끝이 붉으면 사람을 속이려고 동서로 분주한다。

一、코 끝에죽은깨가생기면 四十세에 치질로 고생한다。

一、코만 높고 난태정위가 적으면 五十세전에 형제가 구몰한다。

一、왼쪽 관골이 특출하면 부친이 선망한다。

一、여자가 관골이 높고 코가 낮으면 출가후 시가재산이 패한다。

一、관골 위에 선이 많으면 무자식하다。

一、관골이 기운차게 천창을 지나가면 처덕을 얻는다。

一、귀에 윤곽이 없으면 처와 아들을 두기 어렵다。

一、귀의 길이가 네치 이상이면 대대로 문학과 관록이 있다。

一、귀 바퀴가 앞으로 숙으면 용속하여 패가한다。

一、귀 안에 홈이 있으면 젊어서 감옥 생활을 한다。

一、명문이나 수골에 흑점이 있으면 단명한다。

一、금궤가 꺼지면 三十九세에 외출하면 크게 불리하다。

一、눈 위의 가죽에 흑점이 있으면 그 아들이 멀리 나간다。

一、인중이 평평하면 노년에 대이을 자손이 없다。

一。인중이 실과 같이 가늘면 그 어미가 난산한다。

一、인중에 횡선이 있으면 또한 아들이 없는 격이다。

一、인중이 깊고 꼭 바르면 五十세 후부터 내몸이 평안하다。

一、입술이 붉으면 五十세이후부터 문무에 영화를 본다。

一、여자가 구각에 흑점이 생기면 아버지와 남편이 조사한다。

一、입술이 들리고 이가 보이면 五十六세와 六十四세에 형제가 구몰한다。

一、여자 입술이 검으면 늙기전에 남편과 자식이 없다。

一、개구에 四字가 되고 입술에 모가나면 五十六세 六十四세에 대길하다。

一、구각이 찌그러지면 남을 속이기 좋아하고 정직하지 못하다。

一、입이 넓은 여자는 초년은 부요하나 말년은 빈궁하다。

一、입술이 엷은 사람은 언제나 결과가 좋지 못하다。

一、입은 크고 얼굴이 적은 자는 항상 노래를 좋아한다。

一、입은 크고 이마가 좁은자는 소년시절에 고생한다。

一、두 입술이 바로맞으면 정직하여 글을 좋아한다。

一、이가 삐쭉하여 톱니 같으면 그 성질이 거칠다。

一、이 뿌리가 가늘어서 이상과 반대면 그 성질이 인색하다。

一、대문이가 밖으로 나온자는 중년에 패를 본다。

一、대문이가 빠지면 항상 운이 막힌다。

一、아랫니가 웃니를 덮으면 늙어서 고독하다。

一、승장에 센금이 있으면 평생에 송사가 떠나지 아니한다。

一、승장에 선이 비끼면 그 처가 음난하다。

一、시골이 약하여 늘어서지 아니한자는 일생이 빈한하다。

一、빰에 선이나 홈이 있으면 그 어머니의 출신이 희미하다。

一、변지가 왕성하면 五十세에 대길하다。

一、지각에 가로 금이 있으면 법에 걸리어 사망할것이다。

一、아래턱이 길면 불효하며 늙어서 고생스럽게 지낸다。

一、수염이 약간 난자는 그 성질이 고독하여 친구가 없다。

一、목 가죽이 거칠고 더러우면 그 성질이 인색하다。이 밖에도 많으나 이만 지인지감을 말해 둔다。

十一、他人의 心理 아는法

一、군자는 언어를 망발치 않으니 말하면 반드시 정대하고

一、소인은 언어가 경솔 하느니 매사가 다만 이기(利己)적이다。

一、말이 순하고 마음이 정직하면 후일에 복록을 받을 것이오

一、말이 간사하고 남을 늘 해치면 앙화가 눈앞에 돌아온다。

一、윗 사람을 공경하고 은혜를 잊지 않는자는 가히 친구로 사귈 것이오。

一、남의 공을 모르고 의지가 약한자와 더불어 비밀을 말하지 말라

一、범사에 공평하게 남에게 해를 주지않는자는 놀이에 영화가 돌아오고

一、적은 이익을 위하여 남에게 큰 해를 주는 자는 그 아들이 반드시 불효한다。

一、이웃에 억울함을 보고도 모른척 하는 자는 용렬한 무리니 앞길이 점점 약해지고

一、정의를 위하여 남의일에 투쟁하는 자는 마지막에 도와주는 사람이 있다。

一、말만 잘 하고 실행함이 없는자는 모사를 타인에게 빼앗기고

一、일에 대하여 결단성이 없는자는 일생에 큰 성패가 없다。

一、큰 난을 당하고도 태연한자는 문견과 도량이 큰 사람이오。

一、괴로움을 참지 못하고 원망이 많은자는 언제나 큰사업을 할수없다。

一、노성한 어른에게 가까이 하여두면 급할때 같이 의지할수 있고

一、악한 무리와 어깨를 같이하면 후일에 반드시 그 연우가 된다。

一、평시에 남의 시비를 잘 하는자는 결국에 큰 욕이 돌아오고

一。말을 듣고 이해성이 많은자는 남을 감복시킬 수 있다。

一、아무것도 모르고 허영에 뜬 자는 크게 속임을 당할 것이다。

一、잘 알면서도 겸손한자는 후일에 큰 명망을 얻을 것이다。

一、언제나 부모에 일을 말 아니한자는 부모에게 향심이 없는자다。

一、말할때 항상 처자를 자랑하는 자는 문견이 적은 탓이다。

一。돈만 알고 의리가 없는 자는 그 돈이 장구치 못하고 、

一、벼슬이 높다고 사람에게 교만하면 그 지위를 해치는 자가 있다。

一、돈은 정성의 모음이니 남용하는 돈 바랠 날이 돌아오고

一、근검 절약하여 돈을 경계하면 장차 후사에 안전 하리다。

一、남의 말을 듣지 않고 제 고집만 세우면 큰일에 실패가 많고

一、무릇 일에 사람을 대하여 친절한자는 뜻밖에 유리한 사업이 돌아
온다。

一、길 가며 항상 뒤를 돌아보는 자와는 언제나 동행하지 말것이오。

一、언어와 동작이 경솔한 자와는 무슨일이나 동업은 삼가할것。

一、행보시에 땅을 들여다 보는자는 음흉한 계교를 생각하고

一、시각이 단정하고 말이 솔직하면 같이 큰 일을 의논할 것이다。

一、적은 일에 크게 근심하는 자는 나에게 요구가 있을 것이오。

一、초면 인사에 말이 많은 자는 앞날에도 가까이 상충 하지말라。

一。의리가 없고 돈만아는 여자는 늙으면 반드시 남편을 박대하고

一、계집을 좋아하는 자식은 젊어서 응당 부모의 말을 듣지 않는다。

一、일을 시킨것 보다 더 잘한자는 본래 탐심이 없는자다。
一、일에 일부러 지연을 위주하는 자는 반드시 딴 마음을 가지고 있다。

제九편 四柱法

一、四柱原論(사주원론)

사주(四柱)라함은 우리들의 출생한 년、월、일、시(年月日時)를 말함이요。이것을 天干 地支字(천간 지지자)로 개칭하면 합이 八字인데 이로써 인생일대(人生一代)에 운로를 예언 하게된 동양철학론(東洋哲學論)이다。

더 말할 필요도 없이 세간(世間)에서 잘알고있다。이 사주술(四柱術)을 잘 통달하자면 적어도 十年이상의 전문학식이 요구 된다。

우리나라에서는 몇 천년 동안에 사주숭상(四柱崇尙)한 관계로 자녀들의 약혼시는 양가에서 반드시 사주를 청구한다。 이것은 신랑이나 신부에 대한 장래를 알고져 함이다。 사주가 나쁘면 파혼 까지 하였다。

그러나 지금 와서는 사주단자를 받는것은 의례인데 사주를 해석할만한 술자(術者)가 없으므로 양가에서 서로 마음이 맞고 돈냥이나 있으면 장래는 보지않고 덮어놓고 결혼하는 것이다。

여기에 간역한 사주원칙을 다음과 같이 소개하여 독자에게 참고가 되었으면 한다。

二、사주작성법(四柱作成法)

생년、생월、생일、생시가 이상의 사주라、태세、월건、일진、시각이 합하여 팔자다。

(1) 年頭法(년두법)

甲己之年은 丙寅頭(갑기지년은 병인두)

乙庚之年은 戊寅頭(을경지년은 무인두)

丙辛之年은 庚寅頭(병신지년은 경인두)

丁壬之年은 壬寅頭(정임지년은 임인두)

戊癸之年은 甲寅頭(무계지년은 갑인두)

※甲字나 己字가 드는 해에는 正月月建(정월월건)이 丙寅(병인)이다。

二月이면 丁卯 三月이면 戊辰 이렇게 센다。

(2) 時頭法(시두법)

甲己夜半生 甲子(갑기야반생은 갑자)

乙庚夜半生 丙子(을경야반생은 병자)

丙辛夜半生 戊子(병신야반생은 무자)

丁壬夜半生　庚子(정임야반생은 경자)

戊癸夜半生　壬子(무계야반생은 임자)

※ 甲字나 己字의 날은 처음時間이 甲子로 부터 시작된다。

(3) 四柱의 要点(사주의 요점)

一、日辰에 天干字가 四柱의 主人인 自身(或은 己身)

二、太歲에 地支字가 萬法의 要綱이다。

(4) 凶星論(흉성론)

小兒短命(소아단명)

正、七月에 己亥日生

二、八月에 辰戌日生

三、九月에 卯酉日生

四、十月에 寅申日生

五、至月에 丑未日生(至는 十一月)

六、納月에 子午日生 (納은 十二月)

春、三月에 丙戌辰時生(春三月은 二、三、四月)

夏、三月에 丑卯子時生(夏三月은 五、六、七、月)

秋、三月에 寅午未時生(秋三月은 八、九、十月)

冬、三月에 亥申巳時生(冬三月은 十一、十二、、一月)

◎百日殺(백일살)은 四秀月에 寅申巳亥가 들어 있으면 百日前에 死亡하고

◎水厄殺(수액살)은 春에 寅시생、夏에 未시생、秋에 酉時生、冬에 丑시생

◎盲人殺(맹인살) 春에 丑日생、夏에 辰日생、秋에 未日생、冬에 戌日생

◎聾亜殺(농아살) 寅午戌生은 卯時、亥卯未生은 子時、申子辰生은 酉時、巳酉丑生은 午時

◎乞人殺(걸인살) 春에 丑時、夏에 辰時、秋에 未時、冬에 戌時

◎病身殺(병신살) 乙巳 己巳 乙未가 혹 時에 해당하면 병신살이다。

◎虎害殺(호해살)申子辰生은 寅甲時、巳酉丑生은 午未時 寅午戌生은 巳甲時

(5)吉星論(길성론)

◎天乙貴人(천을귀인)

甲戊庚牛羊 乙己鼠猴 丙丁豚鶴 壬癸巳免 六辛馬虎

貴人이 在年月하면 父母 兄弟가 貴顯하고 在日時면 本身이 赫赫하다。

◎祿馬法(록마법)

甲祿在寅 乙祿在卯 丙戊祿在巳 丁己祿在午 庚祿在申 辛祿在酉 壬祿在亥 癸祿在子

◎天 德(천덕)

正月生은 見丁 二月生은 見申

三月生은 見壬 四月生은 見辛

五月生은 見亥 六月生은 見甲

七月生은　見癸　八月生은　見寅
九月生은　見丙　十月生은　見乙
至月生은　見辰　納月生은　見庚

◎ 月德(월덕)
申子辰月生은 在壬、亥卯未月生은 在甲
巳酉丑月生은 在庚、寅午戌月生은 在丙

解說(해설)
四柱中에 天德 月德中(천덕 월덕중)에 한가지라도 있으면 利官 小病(이관소병)하고 모든 살이 불침한다。

◎ 學堂(학당)
甲日生은 亥日亥時、乙日生은 午日午時
丙日生은 寅日寅時 丁日生은 酉日酉時
戊日生은 寅日寅時 己日生은 酉日酉時

庚日生은 巳日巳時 辛日生은 子日子日
壬日生은 申日申時 癸日生은 卯日卯時

解說(해설)

甲日生이 亥日이나 亥時를 만나면 學堂格(학당격)이라 총명재족하여 文章및 儒師人(문장및 유사인)의 대우를 받는다。

◎ 四柱時法(사주시법)

음력(陰曆) 책력을 보면 年月日까지는 확실히 알수 있으나 시(時)는 알기가 어렵다。 지금은 하루(一日)가 二十四時로 되었으나 옛날에는 一日(하루)을 十二時로 정하여 子丑寅卯辰巳午未申酉戌亥로 지금의 두시간을 합하여서 옛날 **한시로 한시간으로 하였다。**

그러므로 자시초(子時初)가 어제 오후十一時부터 시작되어 가령 금일오후 十一時정각에 출생한 아이가 금일해시(今日亥時) 말인지 명일(明日)자시초(子時初)인지 분별하기 어려우므로 그 부모의 생년에 따라 확인하는 법을 분명히 기록하여 여러분 가정에 사주선출상(四柱選出上) 참고에 편리하도록 제공 하였다。

또는 농촌에 시계 없는 곳에서 아이를 낳은후 시간이 막연할때는 관상법으로 시간을 아는법이 있으니

◎ 영아의 면상(面相)이 길고 가마(百會)가 중앙에 있으면 子午卯酉(자오묘유)시에 속하고

◎ 면(面)형이 모나거나(角) 궁글고 백회가 옆에 있으면 진술축미(辰戌丑未)시에 속하고

◎ 면형이 풍부하고 가마가 혹 둘이면 인신사해(寅申巳亥)시에 속함이 분명하다。

◎ 子時生(자시생)은 天貴(천귀)니 父先亡(부선망)하고 母(모)는 장수하고 삼남매에 父母兄弟(부모형제) 상극이라。
아내에게 눈물을 흘리게하니 그 형세 길치 못하리라。

무슨일로 다시 첩을 얻었는가 자연히 그 해를 받으리라。
재물에 성패수가 잦으니 한번 타향에서 고생하리라。
집은 丙坐壬向(병좌임향)으로 지으면 의식이 족할것이요。 爲人(위인
早達(조달)하여 말년에 복록을 겸하리라。
나이는 二十九세 五十五세를 무난히 지내면 七十三세가 한명이다。

◎ 丑時生(축시생)은 天厄(천액)이니 母先亡하고 祖業(조업)이 없다。신
액에도 재액을 겸하니 초년에는 좋지 못하다。 바람앞에 등불같고 파
도속에 배와 같다。 四十七、八세에는 마른나무에 꽃이 핀다。 一生에
좋은집은 丑坐未向(축좌미향)이 제일이다。몸이 평안하고 마음이 즐
거우니 말년에 더욱좋다。 四十五세를 무난히 지내면 八十三세가 가
장 정명이다。

◎ 寅時生(인시생)은 天櫃(천궤)이니 父先亡(부선망)하고 모친이 장수
한다。 부부의 금슬은 녹수의 원행이라 모든일이 공평하니 의식이 넉

넉하고 남의 우두머리가 되리라。일찍 아들을 기르지 못하리니 積善(적선)함이 제일이다。 吉家(길가)는 丑坐未向(축좌미향)이 가장좋다。이집을 택하면 잡이 넉넉하고 인구도 족하다。 五十七세를 지나면 七十四세가 한이로다。

◎ 卯時生(묘시생)은 天破(천파)니 모선망하고 부친은 장수한다。꽃이 떨어지면 나비는 가는 것이다。 中年에 성패수가 많고 비록 변동이 능하다 하여도 게 잡아 물에 놓는 셈이다。 전처는 이별하고 아들은 많다。화재(火災)가 없으면 수액이 있다。집은 巳亥家坐(사해가좌)에 신세가 평안할 것이다。밤낮 궁리는 돈벌생각 뿐이로다。五十七세를 지나면 七十二세에 황천길을 바라본다。

◎ 辰時生(진시생)은 天奸 이니 부선망할 것이요、富名(부명)은 있으나 벼슬길이 없다。

靑鳥(청조)가 두번우니 본처와 헤어진다。만일 아들이 많으면 부모가 구몰한다。 천살이 집을 엿보니 재산을 두번 패하리라。 남과 시비 하지말라 구설이 두렵도다。 집은 子坐나 午坐는 화가 변해 福(복)이 된다。

길(吉)지를 가려서 살아 만사여의 하나니라

三十九세를 지내면 六十一세가 정명이로다。

◎ 巳時生(사시생)은 天文(천문)이니 모선망격이요。 文武(문무)에 과거(科擧)한다。 一妻二妾(일처이첩)은 사람의 욕심이다。 위엄은 있으나 덕이 없으니 사람에게 공경만 받으리라。

성품이 급하나 쉬히 풀리니 안으로 인정이 있도다。

卯坐家基(묘좌가기)는 자연히 발복한다。 길성이 비치니 백살이 범치 못한다。 四十七세를 무난히 넘기면 七十七세가 한명이다。

◎ 午時生(오시생)은 天福(천복)이니 부선망하고 모는 장수한다。

문무(文武)가 겸전하나 호사다마(好事多魔)로다。 생사·이별수가 있으니 삼취(三娶)할 팔자로다 우연한 불평이 타향에 욕이 된다。

◎ 壬坐丙向(임좌병향)에 吉地(길지)를 만나면 재수 대통하고 출장 입상에 부귀 공명하리라。 六十七세를 안과하면 七十七세가 또 있구나

◎ 未時生(미시생)은 天驛(천역)이니 부선망할 격이오 무과(武科)에 급제하여 권리를 잡고 돈을 쓰니 大富(대부)라 하리로다。 또한 풍상(風霜)이나 日月(일월)이 무정하여 은혜가 다른 부모에게 가도다 녹(祿)이 四方에 있으니、초년에는 부족하나 중년 말년은 평안하다。 辰戌家向(진술가향)에 身運(신운)이 대길하고 또한 길지를 만나면 오복이 구준하리로다。 五十四세를 지나면 八十三세에 만사를 이주하리라。

◎ 申時生(신시생)은 天孤니 부선망하고 모는 장수한다。 임금을 세번 대하니 한번은 실패하리라。 시비를 하지말라 구설과 횡

액 뿐이로다 백로가 고기를 엿보는 격이로다。
중년을 지내야 만사형통하리라。 辰戌坐向(진술좌향)은 화재를 면하리라。 불이 타서 흠이되니 그러므로 전토(田土)를 장만하라。
六四、七세를 넘기면 七十九세가 정명이다。

◎**酉時生**(유시생)은 **天刀**(천도)이니 모선망하고 초년은 해가 많고 이(利)는 적다。 중년은 부명(富名)을 떨 것이다。 상처 수가 있으니 아들을 일찍 낳으나 기르지 못한다。
사람으로 인하여 해를 받으니 巳年과戌年(사년과 술년)을 조심하라。
길지를 정한 연후에 乾坐巽向(건좌손향)으로 집을 지으라。
화(禍)**가** 변해서 福이되고 흉이 변해 길이된다。 수명은 八十四세로다。

◎**戌時生**(술시생) 천**예**니(天藝) 부선망하고 백년(百年) 깊은 정은 금슬이 두 곳이다。 자손이 많을 것이오。 선빈 후귀로 변하리로다。 수

단으로 돈을 모으니 부자가 부럽지 않다。 지혜가 넉넉하기로 여러번 사경을 넘었도다。

子坐午向(자좌오향) 집은 백사가 여이하다。 일찍이 길지(吉地)를 정하였으면 벌써 행복 하였으리라。

七十세를 지내면 七十三才가 천명이로다。

◎

亥時生(해시생)은 天壽(천수)니 모선망할 것이다。

그러나 본처를 이별할 八字로 수복은 하늘이 내렸나니 사람의 힘으로 못하나니라。

청조(靑鳥)가 멀리 나니 인연을 따라 이땅을 떠나리라。

모친에게 효도를 지극히 하나 무후봉사 무삼일고

卯酉家坐(묘유가좌)는 가도가 안정된다。 만일 수복을 누리지 못하면 먼저 집 좌향을 보라。

二十세가 불안하고 四十세가 위태하다 그러나 七十二세가 한명이다。

三、唐四柱法(당사주법)

天文 巳	天福 午	天驛 未	天孤 申
天奸 辰			酉 天刃
天破 卯			戌 天藝
寅 天櫃	丑 天厄	子 天貴	亥 天壽

◎ 당사주 보는법

자기(自己) 생년을 선정(先定)하고

年에서 起月하고

月에서 起日하며

日에서 起時한다。

子丑寅卯辰巳午未申酉戌亥(자축인묘진사오미신유술해) 순서로 세되

자기 사주에 있는 자(字)만 본다。

각 자의 설명

◎ 子는 天貴星(천귀성)이니 위인이 준수조달하여 입신 양명하고 자손이 창성하고 식록이 겸전하리라。

◎ 丑은 天厄星(천액성)이니 早年에 곤고병 다하여 재년월(在年月)이면 조실 부모하고 혹 걸식하면 일찍 고향을 떠날 것이다。

◎ 寅은 天櫃星(천궤성)이니 위인이 활달하여 초년성패하며 다술 다권

하여 만사 능위니 대인은 영귀하다。

◎卯는 天破星(천파성)이니 평생범사가 유두무미(有頭無尾)라 심무소정하여 많은 실패를 한다。 모든 일이 불리하다。

◎辰은 天奸星(천간성)이니 위인이 간교다모(奸巧多謀)하여 성급역해라 종명덕영에 확인 구명하리라。

◎巳는 天文星(천문성)이니 용모 단정하고 문예유여(文藝有餘)라 우봉천권(又逢天權) 天刀이면 문무 쌍전(文武双全)하니라。

◎午는 天福星(천복성)이니 위인이 준수하고 관고 명창하여 부귀 쌍전이라 약 천복이 쌍전이면 반위빈곤(反爲貧困)하나니라

◎未는 天驛星(천역성)이니 약비 관인이면 필시 이향하여 편답팔방에 류견곤액하고 혹 유장사지액이라。

⊙申은 天孤星(천고성)으로 육친이 무덕하여 일신이 고독하다。이지영풍에 극처 형자로다。 해업(海業)爲吉 하다。

◎酉는 天刀星(천도성)이니 성정이 편강하여 업신여기고 쟁두작사에 약무질병이면 신체수상이라。

◎戌은 天藝星(천예성)이니 재예 출중하고 불학 자성이라 약 불이향이면 장사유액이라、약 봉천 파천액이면 반 위혼우요 문무(文武) 겸용인 이라。

◎亥는 天壽星(천수성)이니 관운은 길하고 입운은 곤이라 일시에 천수면 가히 八十이요 성온 차양하니 존신정식에 작사공평이라。약은 천파 천액이면 반위단명(友爲短命)하나니라。

四、十二星論(십이성론)

보는 법은

巳酉丑年에 난 사람은 寅에서 劫殺(겁살)이 된다。卯는 災殺(재살)이요。

辰은 天殺(천살)이오、巳는 地殺(지살) 이렇게 센다。四柱의 支字에 해당자만 보아서 년에 무슨성、월에 무슨성、일에 무슨성、시에 무슨성을 본인이 가지는가를 추출한다。

가령 亡神(망신)이 月에 해당하면 亡神(망신)에 月을보고 역마가 일에 있으면 역마日을 보며 장성이 시에 있으면 장성시를 본다。

十二支 / 生年	劫殺	災殺	天殺	地殺	年殺	月殺	亡神	將星	攀鞍	驛馬	六害	華盖
巳酉丑年	寅	卯	辰	巳	午	未	申	酉	戌	亥	子	丑
申子辰年	巳	午	未	申	酉	戌	亥	子	丑	寅	卯	辰
亥卯未年	申	酉	戌	亥	子	丑	寅	卯	辰	巳	午	未
寅午戌年	亥	子	丑	寅	卯	辰	巳	午	未	申	酉	戌

이표에 의거 자기의 四柱의 각 지지자만 무엇인가를 볼것

五、각 살(殺)의 해설

劫殺(겁살)

年則 不食道業이고
月則 同生難保요
日則 己身多厄이요
時則 一子終孝라

災殺(재살)

年則 不無身病이오
月則 天賊失物이요
日則 平生不安이오
時則 無子之格이라

天殺(천살)

年則 離親他鄉이요
月則 兄第相別이오
日則 夫妻離別이요
時則 病妻格이자

地殺(지살)

年則 必是移鄉이요
月則 盡散道業이요
日則 先別萱堂이요
時則 四方有祿이라

年殺(년살)

年則 先貧後富이요

月則 病身無助이요

日則 萬事不成이요

時則 一身孤獨이라

月殺(월살)

年則 無功無德이요

月則 事不如意이요

日則 東奔西走이니

時則 喪妻離別이라

亡神殺(망신살)

年則 兼別侍率이요

月別 男女孤獨이요

日則 兄弟背反이요

時則 末年可畏라

將星殺(장성살)

年則 一生豊足이요

月則 群鴈同飛요

日則 九十亨壽요

時則 定有貴子라

攀鞍殺(반안살)

年則 榮貴親德이요

月則 功名晩成이요

日則 不貧不富요

時則 前后二子라

驛馬殺(역마살)
年則 定是移鄕이요
月則 外親內소요
日則 乃知妻妾이요
時則 兩妻有子라

六害殺(육해살)
年則 父母有助요
月則 家有妻害요
日則 似有乳子요
時則 晩年可畏라

華盖殺(화개살)
年則 文星先達이요
月則 氣像明朗이요
日則 喪妻之格이오
時則 到處有名이라

제十편 家庭生活에 꼭 알아둘 秘法

一、남녀결혼기(男女結婚期)

여자는 음질(陰質)이니 북방임계(北方壬癸) 一六水의 정기(精氣)로 품성되어(1+6=7) 七數(칠수)에 해당한다。 첫 七數에 지각(知覺)이 생기고 두 七수에 월경(月經)이 나오고、세七수에 생산에 마땅하고 七七수에 단산케 되나니 무릇 여자는 함부로 허영에 띄어서 정조(貞操)를 허랑(虛浪)치 말고 四十전에 자녀(子女)를 생산하여 보존할 것이오。

남자는 양질이니 남방화(南方火) 병정(丙丁) 二七火의 정기(精氣)로 품성되어(2+7=9) 九수에 해당하나 양(陽)이므로 一수를 감하여 八수가 되나니 첫八수에 지각(知覺)이 생기고 두八수에 정기가 통하고 세 八수에 장부(丈夫)가 되고 八八수에 정쇠(精衰)하나니 모든 남자들은 절대로 화류(花柳)에 접근하여 성병(性病)에 전염치 말고 五十전에 훌륭한 자녀를 준비함이 가장 안전(安全)할 것이다。
의학(醫學)에 의하면 남자는 精氣(정기)가 쇠약하면 죽고 여자는 血氣(혈기)가 마르면 죽는다 하였다。
누구를 막론하고 六十 이상이 되면 자기의 활동력(活動力)이 약하여 짐으로 자식의 도움을 바랄 것이다。
이제 남녀의 혼인 적령을 말하자면 여자(女子)는 三七內外(二十一才)가 좋고、남자는 三八內外(二十四才)가 좋다。
남자는 조혼(早婚)하면 양기(陽氣)가 조숙(早熟)하여 老年(노년)에 해롭고、여자는 老產(노산)하면 기혈이 약해지므로 老年에 해롭다。
리언(俚諺) 항간에 퍼져있는 속담에 의거하면 남자가 二十五세에 장가들면 살상(殺傷) 폐가 있다 하고、여자는 二十二세에 시집가면 이별할 수가 있다하니 이점을 삼가할 것이다。
나이 많은 남자와 나이 작은 소녀가 결혼하면 소녀(少女)가 성숙 하고 나이 적은 소년 남자와 나이 많은 여자가 결혼하면 소년남자가 빨리 성숙할 것이다。

이 이치는 남여(男女) 서로 성욕(性欲)을 홍기(興起)시키는 연고라 하겠다。

대개 여자가 음심이 발동하면 남자와 접근하기를 좋아하고 또 얼굴에 조홍색이 난다。

그리고 처녀가 三七내외(二十一才)가 되면 돌연(突然)히 피부가 윤택하고 용모가 영결(瑩潔)해지면 이것은 음혈(陰血)이 성숙하여 사춘기(思春期)에 도달함이니 一年지내에 출가케 될 것이요、이미 출가한 여자라면 반드시 잉태할 징조라 할 것이다。

꽃이 피면 나비가 오고、따라서 결실하는 법이다。

또 여자가 약혼후에 자홍색이 명문(命門)에서 코 끝까지 비치면 이는 물론 자기보다 승혼(勝婚)된 것을 알것이다。

또 처녀가 출가 하는 날 자홍색이 인당에 나타나면 대단히 좋으니 출가 후에 모든 일이 여의(如意)하고、남편에게 유리하며 자녀(子女)를 많이 생산 한다。이것을 소위 왕부익자격(旺夫益子格)이라 한다。

그리고 출가시에 황색이 만면하면 보통이니 무해무덕(無害無德)하고、출가시에 백색이 만면(滿面)하면 불길하니 출가후 시가가 점점 쇠퇴하고 남편과 상극(相剋)된다。

대체로 여자는 인당(印堂)이 넓고 코 끝이 명랑하고 입술이 붉으면 좋고 이와 반대로 되면 자신에 병이 있고 또 남편에게 불리하다。

여자의 이마가 편안치 못하면 남편과 이별하고 코가 특별히 크면 일생을 고독케 지내고 얼굴 가죽이 희고 엷으면 자식이 없다고 한다。

二、交接과 疾病(교접과 질병)

남자의 음경에 장단(長短)이 같지 아니하고 여자의 음부(陰部)도 대소

(大小)가 같지 않다。

남자의 음경이 우리나라 사람에 한하여 긴자는 二十센치 내외(內外)니 그 처(妻)에게 해가 많고 또한 자녀 양육에도 장애가 많다。음경이 중간인 자가 十六센치 내외(內外)니 보통 남자의 크기다。짧은 것이 十二센티 내외니 가장 좋다。아내에게 안전하고 자녀를 많이 기른다。

또 여자의 음부가 도투어 붙은자는 남편에 유리하고 낮추어 붙은 자는 음천하다。

서양인(西洋人)은 대체로 주간에 교합이 많고 동양인(東洋人)은 거의다 야간에 교합이 많다。

◉연령별로 교합의 도수(度數)는

一、二八수에서 三八수 까지는 월 三十회

二、三八수에서 四八수까지는 월 四十八회

※ 이 시기는 꽃이 만발한 때라 꽃은 봉접을 찾고 봉접은 꽃을 찾게 되

는 고로 세상에서 흔히 보는 남녀 열정이 이 시기에 많다。四十이 지나면 시들은 꽃에 나비도 아니온다。 결실을 생각하는 고로 반드시 정사하는 남녀는 없을 것이다。

三、四八수에서 五八수 까지는 월 二十四회

四、五八수에서 六八수는 월 十二회

五、六八수에서 七八수까지는 월 六회

六、七八수에서 八八수까지는 월 三회가 적당하다。

그러나 영양 관계에 따라서 가와 감이있을 것이다。 그런데 누구를 막론하고 이색(異色)을 접촉 할때는 성욕에 따라 과색(過色)않는 자는 없을 것이다。

◎과색(過色)의 해를 말하자면

一、三八이전에 과색하면 일찌기 낙치(落齒)하고

二、四八이전에 과색한자는 장부(腸腑)에 병이 생기고

三、五八이전에 과색한자는 일찍 눈이 어둡고
四、六八이전에 과색한자는 기억력이 감퇴하여 동작이 느려진다。
그러므로 과색을 피함이 신상(身上)에 유리(有利)하다。
그리고 더운방에 거처하면 음양이 속히 발달되고 항상 찬방에 거처하면 음양이 지둔하다。

태초(太初)에 하나님이 子時에 하늘을 만들고 丑時에 만물을 만들고 寅時에 사람을 만든 고로 남여간 인시에서 음양이 서로 동하나니라。

三、임신기(姙娠期)

남여가 혼인후 서로 교접함으로서 잉태되는 것이니 임신기는 여자의 월경후 七日까지가 통례(通例)일 것이다。 그러나 여자의 신운에 따라 임신되는 달이 있으니 어느 해를 막론하고 여자의 연령을 三으로 제하여 그 나머지가 一이면 四맹월이니 (正月 四月 七月 十月)이오、그 나머지가 二

면 四중월이니 (二月 五月 八月 十一月)이오、그 나머지가 三이면 四季이니 (三月 六月 九月 十二月)인 것이다。

나머지 수가 없으면 四季月이라 이상은 음력표준(陰歷標準)으로 한다。

또 여자의 월경최종일을 기수(奇數)라 가정하고 그 이튿날을 우수(遇數) 제三일을 기수(奇數) 제四일을 우수로 이 규칙대로 一주일 내에 기수일에 부부 교접하면 생남(生男)하고 우수일에 교접하면 생여(生女)하며

◎동시에 남자(男子)가 정력(精力)이 왕성하면 生男하고

◎여자가 기혈(氣血)이 왕성하면 生女하고

◎교접시(交接時)에 여자가 먼저 토정(吐精)하면 生男하고

◎남자가 먼저 토정하면 生女한다。

또 임신후 三개월지내에 입덧이 생기는데 생기기 전에 숫닭을 삶아 먹으면 생남하고、또한 구리 도끼를 만들어 태모의 배게속에 은치(隱置)해 두면 여태(女胎)라도 자연적으로 남태로 변함은 확실하다。

四、태교법(胎教法)

남자가 성질이 강하면 자녀(子女)를 많이 상실하고、여자가 성질이 악(惡)하면 결코 남편을 사별(死別)하고、남자가 극히 호색(好色)하면 그처와 이별(離別)이 많다。

그런 고로 남자가 순한 가정에 자녀가 많고、여자가 순(順)한 가정에 부부간에 해로(偕老)하느니라。

태교법은 원만한 가정에 있는 것이고 상식 없는 가정에는 있을 수 없는 것이다。

사람은 누구나 잉태하면 아들을 낳기를 소원할 것이요、아들을 낳으면 남보다 영걸(英傑)한 아들 되기를 소원할 것이다。

이에 대하여 복중아(腹中兒)의 태교법이 있으니 고대성인(古代聖人)들이 이미 지시(指示)하심이다。

○잉태중에 태모는 극히 주의하라。

눈으로 악한 것을 보지말고、귀로 음탕한 말을 듣지 말며、음식은 방정한 것을 먹으며、걸음을 기울게 걷지말것、앉음은 가(邊)에 앉지 말고、잠은 편안한 자리에 잘 것이다。

항상 성인(聖人)의 사적을 사모하라。이렇게하면 반드시 영특한 아이를 낳을 것이다。

○태모가 제멋대로 하면 태교가 아니다。

태모가 매일 근심이 과도(過度)하면 그 아이가 단명하고 항상 음난하면 그 아이가 방탕하고 물질에 욕심이 많으면 그 아이가 인색하고 또한 한적함을 좋아하면 그 아이가 은일하고 항상 화기(和氣)애애하면 그 아이가 총명하다。

위인(偉人)을 사모하면 그 아이가 영준(英俊)하나니 이것이 다 태모의 심리작용(心理作用) 즉 희노애락 애오욕(喜怒哀樂 愛惡欲)의 칠정(七情)

에 따라 十삭동안에 미치는 일동 일정(一動 一靜)이 태아(胎兒)에게 큰 영향을 주어 영아의 장래(將來)에 영고(榮枯)를 좌우(左右)하는 것이다。 잉태중에 부부가 서로 싸움을 하여 태모에게 슬픈 심상을 주면 태아가 생후에 그 시기에 따라 사망(死亡)하니 그 얼마나 가련한가。

단(但) 태중 十개월이 생후(生後) 평생에 해당한다。

고어(古語)에 이르기를 옛날부터 성현(聖賢)을 낳은 어머니는 있으나 영웅(英雄)을 만든 아버지는 없다 하였으니 어머니의 공이 많음을 알 것이다。

五、태 몽(胎 夢)

부부간(夫婦間) 동거중 수태(受胎)하게 되면 귀중(貴重)한 아이는 반드시 신(神)의 현몽(顯夢)이 있나니 그런고로 옛날에 유명(有名)한 사람은 대개 큰 꿈이 있었다。

① 대임(大姙)은 꿈에 큰사람을 보고 문왕(文王)을 낳고、
② 안징(顔徵)은 꿈에 검은 별을 보고 공자(孔子)를 낳고、
③ 류온(劉媼)은 꿈에 붉은 용(龍)을 보고 한고조(漢高祖)를 낳고、
④ 장랑(張朗)의 어머니는 꿈에 고성(孤星)을 보고 장량을 낳고、
⑤ 노자(老子)의 어머니는 꿈에 화성(火星)을 보고 노자를 낳고
⑥ 태백(太白)의 어머니는 太白星을 품에 안아보고 이백(李白)을 낳고、
⑦ 조광윤의 어머니는 해(日)를 삼키고 송태조(宋太祖) 광윤(匡胤)을낳고
⑧ 정목공의 어머니는 하늘의 향기가 배에 들어감을 보고 목공(穆公)을 낳았으며
⑨ 견황후(甄皇后)의 어머니는 달을 삼키고 황후를 낳았다。

이로써 보건대 역대(歷代)의 위인(偉人)들은 수태시(受胎時) 큰 꿈이 미리 있는 것이며 그러므로 이제 태몽(胎夢) 여하를 기록하자면

(1) 해(太陽)를 보면 귀자(貴子)를 낳고

(2) 달(月)을 보면 귀녀(貴女)를 낳으며

(3) 선관(仙官)에게 물건을 받으면 귀자(貴子)를 낳는다。

(4) 관작을 받거나 女人이 갓을 쓰거나 집을 새로 짓거나 글을 읽는 것을 보아도 다 아들을 낳고

(5) 금을 얻거나 거울을 얻어도 아들을 낳는다。

(6) 여자가 화장(化粧)을 해 보거나 옥지환을 얻으면 딸을 낳고

(7) 신위(神位)에게 예배(禮拜)하거나 용(龍)을 보면 아들을 낳고 (龍)

(8) 뱀을 보면 딸을 낳고

(9) 과물(果物)을 먹어도 아들을 낳고

(10) 곰은 복자(福子)를 낳고 학(鶴)은 귀자를 낳고 유린어(有鱗魚)는 아들을 낳고 무린어(無鱗魚)는 딸을 낳을 것이다。 그런데 노년에 조개(蛤)를 얻으면 역시 아들을 낳을 것이다。

六、남여 판단법(男女判斷法)

서양에서는 요즘 혈액을 검사하여 태아의 남여(男女) 아는 법을 발명하였다고 신문에 보도되었다。

우리 동양에서는 남·여 판단법이 이미 몇 천년 전에 판명된 것이다。

어찌 새삼스럽게 말하리요。

태중 아이의 남·여를 미리 아는법은 태모가 왼 빰에 푸른맥(靜脈)이 입으로 들어가면 아들을 낳고、바른 빰에 푸른 기운이 입으로 들어가면 딸을 낳으며、태모 오른 눈 아래 봉지(鳳池)에 푸른 기운이 나타나면 딸을 낳고、왼 눈 아래 용궁(龍宮)에 누른 기운이 나타나면 아들을 낳으며、그러나 토체(土体) 여자로 면색(面色)이 전부 황색(黃色)이면 구별하기 어려우니 다른 점을 살피라。

수체(水体)에 빛이 검어도 또한 구별하기 어려우니 태아가 복중(腹中)

에서 정상적으로 동하면 귀자(貴子)를 낳고、복중에서 수시로 난동하면 천자(賤子)를 낳으며 태모가 임신중 양기가 왕성하면 태아가 복중에서 이가 나고、음기가 왕성하면 태아가 낙발(落髮)된다。

태모가 기·혈이 풍족하고 정신이 상쾌하면 아들을 낳고、기·혈이 부족하고 정신이 혼난하면 딸을 낳으며、태모가 일어 나갈때 왼 발을 먼저 내면 아들 낳고、바른 발을 먼저 내면 딸을 낳는다。

七、태점법(胎占法)

복중아(腹中兒)를 미리 알고져 태점 하는 법이 허다하다。그런데 임신과 출산이 모두 여자에게 있는고로 남자는 가입할 필요조차 없는 것이다。

그 중 경험있는 것으로

一、태모 연령이 偶數(우수)요 임신월이 우수면 아들을 낳고、태모 연령이 기수(奇數)에 임신월이 기수도 아들을 낳고、태모 연령이 기수요 임

신월은 우수든가、태모 연령이 우수에 임신월이 기수면 모두 딸을 낳는다。

一、六十을 원수로 하여 거기서 임신월수(姙娠月數)에 一二三四五六을 차례로 빼내되 더 뽑을 수 없는 정도(程度)에서 그 여수(余數)가 五인데 월초(月初)면 생남、월말이면 생녀한다。

○그 여수가 四인데 월초면 생녀(生女) 월말이면 생남한다。

○그 여수가 三인데 월초면 생남(生男)、월말이면 생녀한다。

○여수가 一인데 월초면 생녀하고、월말이면 생남한다。

八、순산과 난산(順産과 難産)

먼저 태모의 손바닥을 보아 붉은 빛이 건궁(乾宮)에 있으면 귀자(貴子)를 낳고、붉은 빛이 감궁(坎宮)에 있으면 부자(富子)를 낳고、붉은 빛이 명당(明堂)에 있으면 수복아(壽福兒)를 낳고、푸른 빛이 명당에 있으면 패가자(敗家子)를 낳고、푸른 빛이 감궁(坎宮)에 있으면 딸을 낳고、혈액이 일청 일암(一靑 一暗)하면 난산 한다。

태모가 병이 많으면 딸을 낳고、인당(印堂)이 붉은즉 수아(壽兒)를 낳고 임신중 복중이 안전하면 부자(富子)된 아들을 낳고、태복(胎腹)이 동란(動亂)하면 빈핍아(貧乏兒)를 낳는다。

태모의 성음이 청아하면 수복아를 낳고、성음이 탁하(濁嗄)면 고궁아(孤窮兒)를 낳으며、태모 콧마루에 황색이 길게 있으면 순산(順産)하고、명문(命門)에 홍자색(紅紫色)이 나타나도 순산(順産)하며、입술이 희면 난산 한다。

대체로 눈이 큰 여자는 난산이 적고、눈(眼)이 적은 여자는 난산이 많다。

인중(人中)에 죽은깨(雜點)가 있어도 난산하고、이마가 검어도 난산하고、온 얼굴이 흑색이면 난산하고 결국은 사망(死亡)할 것이다。

九、산월 지법(産月知法)

의학상으로 보면 여자가 임신일로 부터 산월일까지 二百七十日 내지 二百八十五日로 가정하니 그 조만은 모체의 건강 여하에 따르는 것이다。

또 하나의 유력한 방법은 태모 월경 최종일로부터 다음달 그날까지를 二十五日로 정하여 一개월로치고 그 다음달 부터는 一개월에 一日씩을 감하여 만 十개월되는 그날이 산일이 틀림없다。

관상법으로는 태모가 임산(臨産) 박도하여 인당(印堂)이 붉은즉 丙丁日에 생남하고、코 끝이 누런즉 戊己日에 생남하고、하턱이 컴컴하면 壬癸日에 딸을 낳고、두 관골이 명랑한즉 甲乙日에 아들을 낳고、천창(天倉) 양미지외부(兩眉之外部)이나 입의 좌우측이 누런즉 庚辛日에 딸을 낳고、만일에 기색이 일정치 못하여 잠명·잠암(暫明暫暗)으로 변동이 많으면 이는 난산(難産)할 징조이다。

十、영아의 길흉(嬰兒吉凶)

태아가 십삭(十朔)의 태교를 마치고 광명(光明)한 이세상으로 나올적에 음부(陰部)에 붉은 혈(血)이 보이면 아들을 낳고、흰 이슬이 보이면 딸을 낳는다。

영아의 살빛이 검붉으면 가장 좋고 황색(黃色)은 병(病)이 많고 만일 백색이면 불리(不利)하니 일개월내에 사망한다。

출생시(出生時)에 북(北)으로 머리를 둔 아이도 不利하다。

또 조수(潮水)가 올때 낳은 아이는 운(運)이 좋고、조수(潮水)가 물러갈때 낳은 아이는 운(運)이 좋지 못하다。

산후(産後)에 향기(香氣)가 집에 가득차면 부모(父母)에게 영귀가 돌아오고、산후(産後)에 악취가 집에 차면 그 집의 가운이 점점 퇴패한다。

영아의 우는 소리가 높이 울리는 아이와 한번에 三·四성을 울되 숨을 바꾸지 않는 아이는 크게 부귀(富貴)하고、우는 소리가 길게 뽑는 아이는 장수하고、머리가 둥글고 뼈가 여문 아이는 부모에게 유리하고、머리털이 눈썹까지 늘어진 자는 복이 많고、나오자 곧 눈알을 굴리는 아이는 대귀하고、허리가 넓은 아이는 장수(長壽)하고、눈 알이 까만 아이는 기르기 쉽고、입을 다물고 자는 아이、몸이 길고 다리가 짧은 아이、코가 높고 입술이 빨간 아이、자지가 주름지고 검은아이、얼굴이 윤택한 아이는 다 무병하여 기르기 쉽고、귀가 굳으면 귀하고、스스로 머리를 움직이며 자는 아이는 능인(能人)이 되고、이마에 선모(旋毛)가 없는 자는 조귀(早貴)하고、二·三才에 음식을 잘 소화하는 아이는 건강하고、말을 가장 늦게 하는 아이는 중기(重器)가 된다。

영아의 우는 소리가 미약하거나 울음이 그쳤다 다시 우는 아이는 수명이 짧고、얼굴은 크고 콧마루가 평평하거나 눈알이 검은 콩과 같이 광채가 없는자와 귀(耳)가 솜같이 부드러운자와 발 뒤꿈치가 나오지 않은자와 머리털이 드물고 또한 누런자와 머리는 크고 목이 가는자는 모두 병으로 인하여 기르기 어렵다。

산근(山根)에 청맥이 있는 아이는 어려서 잔병이 많고、백일전에 병이 많은 아이는 불길하니 콧 마루가 낮은 아이는 말 많은 액이 있고、입술이 엷은 아이도 불길하며、낮에는 자고 밤이면 우는 아이도 부모에게 흉액이 있고、귀가 너무 낮추어 붙은 아이는 조사(早死)한다。

치생결(齒生訣)을 보면 생후 五·六月간에 이가 나는 아이는 조사하고、八·九月간에 나는 아이는 적당하고、일년(一年) 지낸 후에 나는 아이는 대귀하다。

아랫니가 먼저 나는 아이는 보통이고、웃니가 먼저 나는 아이는 극히 총명하나 어머니께 해롭다。

제十一편 其他常識

一、주택(住宅)의 장소吉凶

사람은 자기 생명에 맞는 지방을 가려 거주하여야 더욱 좋을 것이다。

이 법도 철학의 일종이니 항상 유의하기를 바란다。

찾아보는 법은 자기 성자(姓字)의 획수(劃數)와 거주지명(居住地名)의 획수를 합하여 그 숫자대로 다음에 기재된 문구(文句)를 찾아서 보는 것이다。

七　劃　聲動皷角　日月文章

八　劃　蜂蝶得花　先舞後歌

九　劃　六月尖大　汗滴田中

十　劃　杜鵑啼血　其哀可知

十一劃　貴人接近　財祿可卜

十二劃　家達運通　萬事如意

十三劃　漢祖斬己　終得大意

十四劃　種蘭石山　其花不成

十五劃 親在堂上 割股奉親
十七劃 積雪山中 老僧依杖
十九劃 世事半百 花炎度日
二一劃 卦爻不順 困窮難免
二三劃 中年發旺 萬人皆仰
二五劃 莫誇盛族 不如道德
二七劃 虎人陷穽 生處難辯
二九劃 堂上病親 時時落淚
三一劃 日麗中天 一身自明
三三劃 少年及弟 和氣近身
三五劃 莫言盛族 亦是孤客
三七劃 長廣之舌 何北蘇秦
三九劃 長流水提 楊柳靑靑

十六劃 暗中行人 偶得明燭
十八劃 三春復回 蜂蝶得意
二十劃 定命人十 可其日年
二二劃 黃鳥迎春 吹笛堂上
二四劃 好鳥逢春 子孫昌盛
二六劃 世事夢外 白雲悠久
二八劃 文星照臨 未久折柱
三○劃 文章千年 布衣何事
三二劃 少年得意 聲高山野
三四劃 鼠逢惡猫 不如生死
三六劃 四十五間 驛馬到門
三八劃 靑雲有路 名掛玉堂
四○劃 貴人助我 祿在四方

四一劃 三春蝴蝶 人皆愛之
四三劃 陶朱在福 不可勝數
四五劃 七殺照命 居地不安
四七劃 其報佳合 未知方名
四九劃 高樓巨閣 先呼其名
五一劃 耗盡財產 東西求乞
五三劃 每與高朋 携手同遊
五五劃 天心亮月 雪裡孤松
五七劃 雲裡黃龍 落在人間
五九劃 山上絶厓 樹難托根
六一劃 春蘭秋菊 名有其時

四二劃 平生之數 無害無德
四四劃 夜逢豪客 其害不少
四六劃 山中處士 意外逢鶴
四八劃 丹山鳳凰 喜凰竹實
五〇劃 安分知機 吉多凶少
五二劃 龍待午年 雲行雨施
五四劃 樹人水中 自苦可知
五六劃 心効孟嘗 名振四海
五八劃 深冬魚龍 身受其寒
六〇劃 身苦六旬 弟子許多
六二劃 身作靑樓 豪傑可逢

二、出行의 吉凶法(출행의 길흉법)

출행 여하에 따라 손익이 있고 길흉이 있으므로 반드시 삼가지 않을 수 없다。

그 법은 관상법에 의하면

○면상에 흑색이 심하면 사망하느니 동북으로 五百里 밖을 나가면 좋고、

○적색이 중하면 관재가 있으니 북방으로 千里 밖을 나가면 이 액을 면한다。그러나 土旺之月과 水旺之月과 十一月은 가지말라。

○청색은 근심이니 동방에 가면 유리하고 西方은 불리하며、

○백색은 소복이니 서방에 가면 유리할 것이다。

○황색은 언제나 좋으니 동남으로 가면 재물이 생기고

○흑색은 중하면 불원에 사망한다。

○대체 출행은 역마가 황명할때를 기다려 출행할 것이요、

○면상이 암체할때 출행하면 반드시 도중에서 크게 놀랄 일이 있다。그런데 역마가 황명하더라도 명문(命門)이 컴컴하면 출행치 말라。객사의 액이 있다(天倉暗不可出行)。

○천창이 윤택하고 변지(邊地)가 광명하면 도중에서 귀인을 만나 큰 재물을 얻으리라。

○지금 전시에 있어서 군대를 지휘하는 장교가 명문이 맑고 인당이 광명하면 급기시하여 출전하면 백전 백승하고、이와 반대면 반드시 실수 할 것이다。

○면상에 청색이 一寸이상 비치면 절대로 행군을 지휘함이 불길하며 군인으로서 목이 결백하면 자신에 위험성이 없고 만일 적색이 나타나면 절대 불리하다。

三、직업과 사교(職業과 社交)

○ 적합한 직업

어떠한 직업이 자기성격에 적당하여 일생(一生)에 남보다 무난히 성공할 수 있을까 이것은 자기의 심리(心理)를 자기가 이해(理解)치 못하는것은 오직 욕망(欲望)이 많음이요、자기 능력 이상의 소원(所願)을 바람이다。

자기의 숙명(宿命)에 분정(分定)을 모르고 타인의 성공과 타인의 영화에만 눈에 띄어 덮어놓고 그처럼 된다고 망상(忘想)하기 때문이다。

성공하는 법은 자신있는 사업을 적당한 시기에 해야될 것이다。

환경도 보고 입장(立場)도 보아야 될것이니 이 조건을 구비한 연후에는 반드시 성공이 올것이다。

그런고로 자기의 성질과 기능을 보아 채택한 직업의 적당성 여부를 자

량(自諒)하여 가결할 것이다。 어찌 구구히 술사(術士)의 지시를 쫓으리오
그러나 지금 사회는 황량하고 모순이 많다。

성공(成功)될 줄을 알고 시작한 사업이 실패(失敗)로 돌아갔다。할수 없이 경험이 풍부한 선배에게 물어 기로(岐路)에 입각한 자기의 신세(身勢) 일보(一步)에 착오가 결국 백리(百里)에 어긋남을 생각합니다。

○먼저 상법(相法)으로 판단하자면

미목(眉目)이 청수하고 코가 높은자는 문필(文筆)로 종사하고、 미목이 순하고 피골(皮骨)이 둔한자는 노력(勞力)으로 종사할 것이고。 뼈(骨)가 고르고(均等) 살이 엷은 자는 재주로서 발신할 것이고、 입(口)이 엷고 살이 두터운 자는 지량(智量)으로 치산(致産)할 것이다。

대체로 눈에 정신이 있는 자라야 위대(偉大)한 사업을 하고、 음성이 웅대한 자라야 마침내 좋은 결과를 얻을 것이다。

그러면 다시 심리(心理)에 의하여 말하자면、

관찰이 명석(明晳)하고 계산이 초월한 자는 상업이나 청부업이 적당하고、마음이 침착하고 명예(名譽)욕이 많은 자는 의사나 교사에 자격이 있고、법규(法規)를 잘 지키고 규율을 좋아하는 자는 관공리(官公吏)가 될 것이다。

성질이 순후하고 근검하는 자는 농업이나 과수업이 적당하며、기우(氣宇)가 현앙(軒昻)하고 포부가 원대한 자는 정치가의 격이요、살생을 좋아하는 자는 백정(白丁)이요、투기심이 많은 자는 도박꾼이요、항상 침묵하고 도덕을 숭배하는 자는 종교인(宗敎人)이요、손재주가 비상한 자는 공업인이다。성질이 인색한 자는 용인(用人)이 불가하고 경영자가 못된다。

성격이 방탕한 자는 장구한 일에 참기 어려우며、뜻이 높고 담이 큰 자는 좌업(座業)을 못한다。

四、실물점법(失物占法)

大月은 天字에서 地字를 向해 順理로 세어가고、小月은 天字에서 遠字로 向해서 逆으로 세어간다。當月 初日로 부터 失物한 日까지 세어간다。가령 大月 二十日에 失物했으면 天에서 地로 向해 세어가면 時字가 二十日에 해당한다。

時字의 해설에 北方 七里許에 有黑衣人問之면 急尋可得하리라 했다。

音	星	風
時	○	遠
人	地	天

天字는 南六、七里許에 見一老人하여 問之則 未方에서 捉得이러니 急尋하라。

地字는 北四·五里許에 有牧牛 老人이러니 問之則 可知니라。

人字는 東北九里許에 或有寺刹에 急往問之則 可得하리라。

時字는 北方七里許에 有黑衣人 問之면 急尋可得하리라。

音字는 正北九里許에 見朱目女하여 問之則 自可得之니라。

星字는 西北四·五里許에 速尋이면 可得이요 若 晚時則 不得이니라。

風字는 東五里許에 仰見 靑天이나 終是 不得이니라。
遠字는 西方三·四里許에 見兒 問之하고 종종 問之면 或 可得이니라。
○子午日은 疑有 當日得하고、
○辰巳日은 移匱니 不見이요、
○丑未日은 物去遠方이니 難得이요、
○卯酉日은 家中在나 難尋이요、
○寅申日은 家中在而 月後見得이니라
○戌亥日은 家中人 作盧라。

五、병인길흉법(病人吉凶法)

봄(春)에 戊己日、여름(夏)에 庚辛日、가을(秋)에 甲乙日、겨울(冬)에 丙丁日亥에 病이 들면 대흉하다。

○子生은 午庚日
○丑生은 丑酉日
○寅生은 寅辰申日
○卯生은 申亥日
○辰生은 午丙日
○巳生은 亥子辰日
○午生은 戌寅辰日
○未生은 申辰未日
○申生은 戌寅卯日
○酉生은 卯寅未日
○戌生은 寅辰壬日
○亥生은 巳卯日에 病이 들면 대흉하다。

예법(禮法)에 대하여

六、일상생활에 필요한 예법(禮法)

우리가 일상생활을 해나가는데는 반드시 기본예법이 있는 것이다。 이 예법이란 사회생활에 필요한 상식이다。 속담에 공자님도 하늘천자에 막힐 때가 있다고 한다。

고등교육을 받고 소위 사회출입이 넓은 사람도 간혹 실언이나 실수를 해서 남에게 웃음거리가 되는 일이 있는것은 이 기본상식을 모르는 소위 이다。

동방예의지국이란 말을 시대적 착오적인 용어로 받아들인다면 자유방종은 서구 윤리도덕의 그릇된 편견일 것이다。

우리는 온고지신(温故知新)으로 뿌리를 찾아 선비정신이 핏줄속에 흐르고 있는 예의바른 민족의 얼을 가슴속 깊이 되새겨 예의바르고 질서를 잘 지키는 문화민족의 체통을 세워 세계 각국에로 긍지높은 한국인임을 과시하고 이 소재로 가정、학교 또는 직장에서 자녀교육에 도움이 된다면 다행으로 생각하는 바이다。

◎일상생활에 필요한 기본예법

一、부모님께 절을 할 때는 문외배(門外拜)를 하여야 한다。

가、평상시에는 보통절을 하고 특별한 경우에는 큰절을 하여야 한다。

○실외보통절

남자는 차례자세로 서서 윗몸을 15도 각도로 앞으로 숙였다가 바로선다。

여자는 두손을 모아쥐고 고개를 숙인다。

○실내보통절

남자는 오른손을 방바닥에 짚고、왼손을 오른손등에 얹고 왼쪽 무릎을 먼저 꿇고 오른쪽 무릎을 꿇면서 고개를 숙인다。 이때 머리가 손등에서 10㎝정도 떨어지게 숙인다。

신에게 예배할 때는 오른손을 왼손등에 얹는다。

여자는 양손을 어깨넓이로 양옆에 짚고 왼쪽무릎을 꿇고 오른쪽 무릎을 세워서 고개를 숙인다。

나、큰절‖법당앞·신전

남자는 양팔을 옆으로 벌렸다가 두 손을 합장하여 윗몸을 앞으로 숙이면서 무릎을 꿇고(왼쪽부터) 손을 포개어 짚고 이마가 손등에 닿도록 숙인다。 이때 산사람은 왼손이 위에、 신에게는 오른손이 위로 오도록 짚는다。

여자는 양손을 포개서 이마에 얹고 왼쪽 무릎을 먼저 꿇고 오른쪽 무릎을 꿇면서 궁둥이를 방바닥에 붙이고 책상다리를 하고 앉아서 머리를 숙였다가 역순으로 일어서서 손을 내린다。

※ 절은 엎드렸다가 그대로 주저앉지 말고 일어섰다가 앉아야 한다。

※ 절은 한분에게 한번씩 하는 것이 원칙이다。
절을 받을 분이 여러분일 경우 받는쪽에서 같이 받겠다 하면 전체에게 한번만 해도 된다。

二、문밖에서 어른을 맞았을 때는 우선 수인사를 나누고 방에 들어와서 어른이 자리에 앉으시면 "절 받으십시요" 하면서 다시 무릎을 꿇고 인사를 하여야 한다。

三、부집(父執……아버지와 나이가 비슷한 十年 장인어른)인 경우라도 그 아들이 초면인 때는 두 손을 짚고 정중히 답례를 하여야 한다。

四、친구의 아들이나 제자 또는 十年 이하의 젊은이로서 평소에 지면이 있는 사람으로부터 인사를 받을때는 앉은 채로 두 손을 짚고 고개만 숙이고 답례를 하여도 무방하다。

五、부친과 부친의 친구가 한자리에 계실 때는 부친에게 먼저 절하고 부친의 친구에게 절한다。

六、어른과 같이 한자리에 앉을 때는 두 무릎을 꿇고 앉아야 한다。이때 어른으로부터 편히 앉으라고 권하면 한쪽 무릎만 세우고 앉는다。다시 편히 앉으로고 하시면 양쪽 다리를 풀어서 앉아도 된다。

※ 그렇다고 한쪽 팔을 바닥에 짚고 비스듬히 앉아서는 안된다。또 등을 벽에 기대고 앉거나 책상에 턱을 받치고 앉아도 안된다。

七、어른은 항상 방 아랫목에 앉으시도록 모셔야 한다。

八、두분(그 이상 여러분)이 마주 앉아서 계실때 그 가운데로 가로질러 안쪽으로 들어가면 안된다。등 뒤로 들어갈 공간이 없더라도 앉은 어른에게 안으로 들어가야 되겠다는 것을 고하고 앞으로 다가 앉으시도록 한 후에 반드시 등 뒤로 들어가야 한다。

九、관향(貫鄕)이 어디인가?

예 김해 김가입니다。

안동 권가입니다。

十、 자기의 성을 남에게 말할 때는 씨자(氏字)를 붙이지 않는다。

춘부장의 성함은 누구신가?

예 김 선자 달자입니다(金先達)。

(김선달입니다는 안됨)

十一、 몇 세손인가?

시조로부터 ○세손이고、 ○○중시조로부터 ○세손입니다.

十二、 무슨 파인가?

○○공(公) ○손(孫) ○○공(公) ○○파(派)입니다。

十三、 선왕고장(조부)의 함자는?

○자 ○자입니다。

十四、 부모님의 생신일과 연세는?

○月 ○○日이고、 ○○세입니다。

十五、 조부모님의 제사(기고)날은 몇월 몇일인가?

예、○月 ○○日입니다。

十六、무슨 생(生)이며 띠는?

예、기사생(己巳生) 뱀띠입니다。

十七、어른이 문밖에서 기침하시는 소리가 나면 일어서서 방 밖으로 나가서 어른을 맞이하여야 한다。

十八、방 안에서 같이 계시던 어른이 방 밖으로 나가시려고 하시면 자리에서 일어서서 배웅을 해야 한다。어른이 문 밖으로 나가신 후에 자리에 앉는다。

十九、어른이 마당에 들어오시면 신을 신고 마당에 내려가서 인사를 해야 한다。또 항상 어른보다 높은곳에서 어른을 내려다 보면서 인사를 하면 안된다。

二〇、어른과 걸을 때는 어른의 왼쪽 한발치 뒤에 따라 가야 한다。

단 두사람이 어른과 같이 갈때는 양쪽에 서서 따라 간다。

二一、자전거를 타고 가다가 길에서 어른을 만났을 때는 자전거에서 내려서 자전거를 세워 놓고 목도리나 안경을 벗고 인사를 해야 한다。

二二、어른에게 물을 갖다 드릴때는 쟁반에 물그릇을 담아서 가지고 가든지 양손으로 받쳐 들고 가야한다。이 때에 엄지손가락이 물그릇 안으로 들어가게 겹쳐쥐고 가면 절대로 안된다。

二三、어른들 앞에서는 담배를 삼가야 한다。술은 어른들께서 권하시거든 고개를 옆으로 돌려서 조심스럽게 마셔야 한다。

二四、음식을 먹을 때는 어른이 수저를 먼저 드신 후에 수저를 든다。연회(宴會)석에서도 주빈이 자리에 앉으신 후에 같이 회식을 한다。

二五、식사를 하는 도중에 조용히 하고 밥은 한입에 들어갈 만큼 떠서 단번에 입속에 넣는다。이 때에 숟가락에 뜬 음식을 여러번 나누어 먹거나 밥풀이 입가에 붙거나 숟가락에 남아 있지 않도록 유의한다。

밥이 너무 많아서 다 먹을 것 같지 않거든 내 앞부터 먹다가 남은 밥은 잘 다둑거려서 밥그릇 가장자리가 지저분하지 않도록 유의한다。

二六、 국이나 나물도 또한 이리 저리 뒤적하지 말고 단번에 먹을 만큼만 집어서 먹되 상 위에 놓인 반찬을 고루고루 먹어야 한다。

二七、 뜨거운 음식은 서서히 식혀서 먹는다。 한숟가락 떠가지고(겸상일 경우) 상대편 얼굴에 대고 푸후、푸후 부는 것은 이만저만 실례가 아니다。 식사 도중에 기침이나 재채기가 나거든 고개를 돌려서 한 손으로 입을 막고 조심스럽게 한다。

二八。 한번 음식이 입안에 들어가면 다른 사람에게 그 음식이 보이지 않도록 입을 다물고 씹어 먹는다。

二九、 쭈각 쭈각 딱딱 돼지 죽먹는 소리를 내어서는 교양없는 사람으로 인정 받는다。

밥과 국은 숟가락으로 떠먹고 반찬은 젓가락으로 집어 먹어야 한다。

三〇、혹 음식중에 돌이나 머리카락 등이 들어 있거든 옆에 사람이 모르도록 살짝 치워 버린다。

三一、식사후 숭늉이나 물을 마실 때는 옆의 사람에게 먼저 잡수시도록 권하거나 내가 쓰던 빈 그릇에 먹을 만큼 부어 놓고 상대방에게 건네준다。

三二、물을 마실때는 조용히 마셔야 한다。한입 물고 불각불각 소리를 내거나 물었던 물을 밥그릇이나 빈그릇에 뱉으면 절대로 안된다。

三三、식사 도중이나 식사 후에 휴지를 꺼내서 코를 팽팽 풀어서는 큰 실례가 된다。

뜨거운 음식을 먹다가 콧물이 나오거든 휴지로 살짝 훔쳐서 발 밑에 치워놓았다가 식사 후에 손수 치워 버린다。

三四、식사 후 이쑤시개로 이를 소제할 때는 한손으로 입을 가리고 다른 사람에게 이빨사이에 붙은 찌꺼기가 보이지 않도록 유의한다。

三五、식사 후에 여러 사람 앞에서 껌을 씹을 때는 딱딱 소리가 나지 않도록 조심스럽게 씹어야 한다。물론 씹고난 껌은 은종이에 싸서 간수 하였다가 휴지통에 버려야 한다。

三六、어른들이나 손님보다 먼저 식사가 끝났더라도 수저를 치우지 말고 국 그릇에 걸쳐 놓았다가 어른들이나 손님이 식사를 마치시고 치우거든 나도 수저를 내려 놓는다。

三七、어떤 단체행렬의 앞을 지나갈 때는 〃실례합니다〃하고 인사를 한 후 고개를 숙이고 지나가야 한다。

三八、만부득이 어른들 앞을 지나갈 때는 〃실례합니다〃하고 인사를 한 후 고개를 숙이고 지나가야 한다。

三九、어떤 단체행렬의 앞을 가로 지르거나 그 한가운데를 뚫고 지나가면 안된다。

특히 여자들은 길가는 길손 앞을 가로 질러서는 무식하고 교양 없는 여자로 핀잔 받는다。

四〇、시내 버스나 단거리여행을 할 때는 경로석이거나 타좌석이거나 막론하고 노인이나 아이를 데리고 차를 타는 사람에게 자리를 양보하여야 한다。 자리를 양보받은 사람은 고맙다는 인사를 잊어서는 안된다。

四一、차를 탈 때도 노인은 부축을 해드리고 어린이는 안아서 태워 주는 친절을 베풀어야 한다。

四二、담배 꽁초나 껌 찌꺼기、휴지 등을 아무데나 버리는 사람은 문화인이 아니다。 또한 시내버스 안에서는 담배를 삼가하여야 한다。

四三、욕설을 아무데서나 입버릇처럼 예사로 내뱉는 사람은 주위 사람들에게 멸시를 받는다。

특히 씹할새끼 씹새끼 개새끼 지랄한다 망할놈 등의 저열한 욕설은 세계 어느 나라에 가도 들어볼 수 없는 더럽고 추한 극단적인 표현으로 개·돼지만도 못한 인간으로 취급받는다。

四四、갑이라는 사람이 을이라는 사람에게 병이라는 사람의 흉허물을 늘어 놓았다면 병에게는 을의 흉을 할 사람이라는 것을 짐작하라。그러므로 남의 흉허물은 묻어주고 남의 착하고 옳은 일에 찬사를 보내 주면 반드시 출세의 길은 남보다 빠를 것이다。

四五、아무개 그놈아 그새끼 등 남을 함부로 부르기를 꺼리낌없이 하는 사람은 남에게 멸시를 당한다。
아무개 어른、그 분、그 사람、○○님、○○씨 등 존칭을 붙여서 부른다고 내 인격이나 지위가 손상되는 것은 아니다。더 교양있는 분으로 존경을 받을 것이다。

四六、차안에서나 여러사람이 모인 곳에서 실수로 남의 머리를 손으로 툭치거나 발을 밟았을 때는 "아" "실례했읍니다" "미안합니다"하고 정중하게 사과를 해야 한다

四七、술이나 음식을 다른 사람에게 권할 때는 한두번 권해 보고 상대가

사양하면 그만두어야 한다。 무지하게 강권하면 도리어 실례가 된다。

四八、 차안에서나 유원지 또는 공중 집회장에서 음식을 먹은후 휴지나 찌꺼기는 빈봉지에 넣어서 휴지통에 버리거나 가지고 가서 불에 태워버린다。

四九、 여러사람이 공동으로 이용하는 공중변소나 학교변소(소변소)에는 휴지나 담배꽁초를 함부로 버려서는 안된다。 벽에 낙서를 해서도 안된다。

五〇、 남과 이야기를 할때는 상대방 이야기를 잘 듣고 내 의견을 말해야 한다。 저 사람이 말하는 도중에 가로막고 내 이야기나 주장을 앞세우는 것은 상대방에게 불쾌감을 주는 실례가 된다。

五一、 화장실 앞에서는 먼저 "노크"를 해서 답이 없으면 문을 열고 들어간다。

五二、 남의 집을 방문하였을 때는 대문밖에서 "안녕하십니까" "실례합니

다" "계십니까" 등으로 주인이 나오기를 청한 후에 주인측에서 들어
오라고 하면 들어간다。

단、간단한 용건은 문밖에서 말하여야 한다。

五三、여러사람 앞에서 가래침을 뱉거나 코를 풀어서는 안된다。

五四、어른에게는 존대말을 써야 한다。

아버지가 오신다、어머니가 말씀하신다、선생님이 부르신다。

五五、어른이 방에서 주무실 때는 어른을 타고 넘지 말고 발끝으로 해서
방안에 들어가야 한다。

남의 방에 들어갈때는 노크를 하고 잠시후 방문을 살며시 열고 들어
가야 한다。방에서 나갈 때는 방에서 나가 돌아서서 방문을 살짝
닫아야 한다。

五六、상대방에게 가위、낫、칼 등을 줄때는 날쪽을 내가 쥐고 자루를 상대
가 쥐도록 건네 준다。

五七、버스나 열차를 탔을 때 시트나 카바에 낙서를 하거나 오손 해서는 안된다。우리들에게 편의를 제공해주는 것이니 국민 한사람 한사람이 공중도덕을 지켜주므로 문화국민이 되는 것이며 사회질서가 바로 잡히는 것이다。

五八、남과 시비(是非)를 할 일이 있을 때는 저 사람의 입장에 서서 생각하고 판단해 보면 자기 주장이 옳고 그름을 곧 판별될 것이다。

五九、현관에서 신을 벗어 놓을 때는 똑바로 벗어 놓아야 한다。현관에 신이 잘 정돈되어 있는 것 하나만 보아도 그집 가정교육의 척도를 짐작할 수 있다。

六〇、방안에 일상 쓰는 물건들이 잘 정리 정돈되어 있도록 습관을 익혀야 한다。내가 쓰고 저지른 일은 반드시 내가 치우고 뒤를 깨끗이 하는 일은 착한 버릇을 기르는 첫째 조건이다。

六一、내가 할 일은 내가 해야한다。

내가 커서 자립할때 까지 부모님은 나를 위해 온갖 정성을 다 하시는 데 나는 내가 쓰는 방청소、침구、공부하다 지저분하게 저질러 놓은 뒷 청소 한가지 제대로 못해서야 되겠는가?

六二、 내가 필요해서 큰 길가에나 마을 앞을 지저분하게 저질러 놓은 뒷 청소 한가지 제대로 못해서야 되겠는가?

六三、 버스안 금연석에서 담배를 피워서는 안된다。 또 옆좌석에 같이 탄 사람에게 담배를 권해 보고 그 사람이 담배를 안피우는 사람이면 담배를 삼가야 한다。

단、 원거리 여행일시는 "실례합니다"라고 양해를 구한 후 짧은시간에 피워버려야 한다。

六四、 열차나 버스안에서 남을 의식하지 않고 떠들거나 복도에서 아이들이 뛰어 다니도록 하는 것은 대단히 몰상식한 행위이니 삼가하여야 한다。

六五、열차안이나 역 대합실、유원지、관광지 등 여러 사람이 모이는 곳에서 음식 찌꺼기나 과자 봉지、과일껍질 등을 버려서는 안된다。반드시 종이나 비닐봉지에 싸서 휴지통에 버리거나 집에 가지고 와서 치워버려야 한다。

六六、여러사람이 생활하는 곳에서는 반드시 질서를 지켜야 한다。공중도덕과 질서를 지킬줄 모르면 금수와 무엇이 다르겠는가?

六七、연령 차이가 三、四년인 경우라면 형이라 불러도 무방하나 그 이상의 연상일 경우는 존장、어른、어르신네라고 불러야 한다。

六八、서로 허교(許交)를 하는 사이라도 대로상에서 관명(官名)을 함부로 불러대는 것은 무지막지(無知莫知)한 언행이다。

예 = 동장(洞長) 어디가나 ⇩ 동장님 어디 가시는가?

六九、전화(電話)는 아이들에게 받도록 해서는 안된다。

수화기를 들고 "예" 여기는 어디입니다、"예" 아무개입니다 하고 자기소개를 먼저 하여야 한다。

또 전화로는 용건만 간단히 하여야 한다。

七〇、여러 사람이 모이는 곳에서는 항상 대중을 의식하여야 한다。

제3자가 들어서는 곤란한 언행은 삼가하여야 한다。

특히 열차나 버스 안에서 떠들어대는 것은 여러 사람에게 피해를 주는 일이므로 삼가해야 한다。

또 터널 속을 지날 때는 추운 겨울에 옆자리나 뒷자리 사람을 의식하지 않고 문을 열어 놓는 것은 몰상식한 행위이다。삼가하여야 한다。

七一、열차나 버스안 또는 회의실 안에서 가래침을 땅바닥에 뱉는 행위는 절대로 삼가야 한다。

만부득이한 경우에는 휴지에 싸서 버려야 한다。

七二、실내에 계시는 어른을 뵈올 때는 오바코트를 벗고 들어가서 인사를 하여야 한다。

七三、어른들 앞에서 의자에 앉을 때는 다리를 모아서 바로 앉아야 한다。 다리를 포개어 앉거나 의자에 비스듬히 앉으면 안된다。 남자는 건방지고 여자는 품위를 잃는다。 비스듬히 의자에 누워서 두 다리를 책상위에 걸치는 행위는 자기 인격을 스스로 격하시킨다。

七四、교실이나 방에 드나들때는 문지방을 밟지 말아야 한다。

七五、내가 필요해서 이웃집 물건(농기구·목공구·기타) 등을 빌려서 이용하였으면 작업이 끝난 후 즉시 반품하여야 한다。

그리고 유용하게 잘 썼다는 인사(人事)를 하여야 한다。

七六、길에서 어른들을 만났을 때는 공손히 인사를 하여야 한다。

사람은 누구나 혼자서는 살 수 없다。 동물과 다른 것은 지성을 가지고 행동하기 때문이다。

그러므로 규칙과 질서는 우리 인간이 사회생활을 하는데 필수 불가결의 조건이다。언제 어디서나 자기가 한 행동에 대하여는 책임을 질줄 알아야 한다。그리고 누가 본다고 조심하고、보지 않는다 하여 아무렇게나 저질러 놓아도 된다는 소행이 어른이 되어서도 무관심과 방광방치로 유원지 관광지에서 자연을 훼손하고 사회질서를 문란하게 된다。

저 창공을 날아가는 기러기와 오리떼를 보라。三마리만 되어도 줄을 지어서 날고 질서정연한 무리를 이루지 않는가、또 벌과 개미떼를 유심히관찰해 보라、한마리 한마리가 모두 자기가 맡은 직분에 충실하고 소임을 완수하고 있지 않는가。조물주가 나에게 만물의 영장인 사람으로 태어나게 한 이 절호의 기회를 더욱 보람되고 값지게 살아야 한다。

◎대화나 서찰에 쓰는 말

(가족 친지간 촌수 및 호칭)

一、안행(雁行)이 몇분이시오?

형제가 몇분이시오의 뜻이다。

二、춘추(春秋)가 얼마십니까?

연세(나이)가 얼마이십니까의 뜻이오、

三、시하(侍下)이십니까?

부모의 슬하이십니까의 뜻。

○영감하(永感下)입니다。

부모가 다 안 계실때의 대답。

○엄시하(嚴侍下)입니다。

아버지만 계실때의 대답。

○자시하(慈侍下)입니다。

어머니만 계실때의 답변

○중시하(重侍下)입니다。

조부모 부모가 모두 계실때 대답

○양당(兩堂)이 구존(具存)하십니다。

부모가 다 살아 계실때 대답이다。

四、당내(堂內)＝일가친척 중 八寸이내

五、합내(閤內)＝집안

六、도절(都節)＝집안이 모두

비절(庇節) 혼절(渾節)＝집안제절

七、첨전(添前) 안 계십니까?

별고 없으십니까의 뜻(물음)。

八、함장(函丈)＝스승

사부(師傅)＝선생님

九、문하생(門下生)＝제자 또는 문생(門生)

一〇、사제간(師弟間)＝스승과 제자사이

一一、저、제、소생、졸자(拙者)＝저희들은

윗어른께 자기를 낮추어 말할 때

一二、나、우리들、내、본인은 ‖ 친구끼리 또는 손아랫사람에게 자신을 말할 때

一三、노형(老兄) ‖ 자기와 나이 비슷한 사람을 부를 때

一四、존장(尊長) 노인장(老人丈) 어르신네 ‖ 연세가 많으신 분을 공손히 부를 때

一五、부부(夫婦)는 일신(一身)이니 무촌이다。

一六、부자녀(父子女) 모자녀(母子女)는 一촌간

一七、친형제 자매는 서로 二촌간

一八、조부모와 손자사이도 二촌간

一九、백부 백모(伯父 伯母)、 중백부 중백모(仲伯父 仲伯母)、 숙부 숙모 (叔父 叔母)는 나와 三촌간 즉 숙질(叔姪)이다。

二〇、종방(從傍)간은 四촌간 즉 三촌의 아들 딸과 나사이 한 할아버지의 손자를 말한다。

二一、종형(從兄)、종제(從弟)=四촌형제간

二二、종백부모(從伯父母)、종숙부모(從叔父母)、당숙부(堂叔父)、당숙모(堂叔母)는 五촌아저씨와 아주머니

二三、종조부모(從祖父母)、대고모(大姑母)는 四촌할아버지와 할머니 즉、할아버지의 형제 자매와 할머니의 동시。

二四、재종형제(再從兄弟)=六촌형제 즉、한 증조할아버지의 손자

二五、재종조부모(再從祖父母)=六촌조부모

二六、재종숙부모(再從叔父母)=七촌아저씨와 숙모를 말한다。

二七、삼종형제(三從兄弟)=八촌형제 즉 한 고조부의 자손

二八、삼종조부모=八촌조부모

二九、삼종숙부모=九촌아저씨와 숙모

三〇、사종형제=十촌형제(한 五대조부모의 자손)

三一、사종조부모=十촌 조부모

三二、 十一촌 부터는 족형、족숙、족조라 부른다。

三三、 동성 동본(同姓同本)은 종씨(宗氏)、 족친(族親)、 종친(宗親)이라고 한다。

三四、 고모(姑母)는 아버지의 누님 또는 여동생。 종고모 당고모는 아버지의 四촌 누님과 여동생이다。

三五、 고모부(姑母夫) ‖ 고모의 남편

三六、 고종사촌(姑從四寸)은 고모의 아들 딸

三七、 내외종간(內外從間)은 고모의 딸과 나사이 외四寸의 아들 딸과 나 사이를 말한다。

三八、 이모(姨母) 어머니의 여형제

三九、 이모부(姨母夫) 이모의 남편

四〇、 이종사촌(姨從四寸) 이모의 아들 딸

四一、 외삼촌(外三寸)은 어머니의 오빠나 남동생 내구(內舅)

四二、외사촌(外四寸)은 외삼촌의 아들 딸。내생 생질

四三、형님 ‖ 손아래 동시가 손위의 동시를 부때

四四、동시(同媤)간 ‖ 며느리끼리를 남에게 말할때 쓰는 말

四五、새댁은 손위의 동시가 손아래 동시를 부를때 쓰는 말

四六、동서(同婿)간 ‖ 사위끼리

四七、올캐 ‖ 오빠의 아내

四八、동생댁(경북지방에서는 동상아 댁)

四九、도련님(디린님)、세서방님(서울) ‖ 시동생(三寸이라 부르면 안됨)

五〇、아씨(액씨) ‖ 시누이 또는 서방댁 ‖ 시집 간 시누이

五一、사장(查丈)어른 ‖ 형제의 장인과 형수、제수의 부친

五二、사부인(查夫人) ‖ 사돈의 부인

五三、사형(查兄) ‖ 형제의 처남、처제 또는 사가(查家)의 같은 항열끼리

五四、사하생(查下生) ‖ 사돈의 아들、딸(서울에서는 사돈총각、영남에서는

사이상)

五五、가친(家親)、엄친(嚴親)、가엄(家嚴)、가군(家君)은 자기 부친。 선친、(先親)、선고(先考)는 작고한 부친

五六、자친(慈親)、자주(慈主)는 자기 모친、 선비(先妣)는 작고한 모친

五七、춘부장(椿府丈)、 춘장(椿丈)은 남의 부친

五八、존공(尊公) = 높은 직에 있는 분의 부친

五九、자당(慈堂) = 남의 모친

六〇、존당(尊堂)、영당(令堂)、영자(令慈)는 높은 직에 있는 분의 모친

六一、존왕고장(尊王考丈)、 왕고장 = 남의 조부

六二、대모님(大母) = 남의 조모、존왕비(尊王妣)

六三、선왕고장(先王考丈) = 작고한 남의 조부

六四、선대모(先大母) = 작고한 남의 조모

六五、조고(祖考) = 돌아가신 나의 조부

六六、조비(祖妣)＝돌아가신 나의 조모

六七、선고장(先考丈)＝작고한 남의 부친、선장(先丈)

六八、선대부인(先大夫人)＝작고한 남의 모친

六九、완장(阮丈)＝남의 삼촌

七〇、함씨(咸氏)＝남의 조카

七一、유부유자(猶父猶子)＝삼촌과 조카

七二、시외가(媤外家)＝남편의 외가

七三、진외가(陳外家)＝아버지의 외가

七四、처외가(妻外家)＝아내의 외가

七五、시고모가(媤姑母家)＝남편의 고모가

七六、시이모가(媤姨母家)＝남편의 이모가

七七、영부인(令夫人)、합부인(閤夫人)、귀부인(貴夫人)、현합(賢閤)＝남의 아내의 호칭

七八、여사(女史)‖사회 출입하는 부인
七九、사모님(師母任)‖스승의 부인
八〇、부군(夫君)‖남의 남편
八一、자형(姉兄)‖누님의 남편
八二、매부(妹夫)‖여동생의 남편、또는 계매(季妹)라 한다。
八三、처남남매간(妻男男妹間)‖아내의 남형제와 나사이
八四、옹서(翁婿)간‖장인과 사위사이
八五、빙장어른(聘丈)‖처의 아버지、편지 쓸때는 외구(外舅)라고 한다。
八六、빙모님(聘母)‖처의 모친
교객(驕客)‖남의 사위、부옹(婦翁)‖장인자신、외생(外甥)‖사위 자신을 가르킴이다。
八七、장인장모(丈人丈母)‖나의 장인장모를 남에게 말할때
八八、처삼촌‖처의 삼촌

八九、처남＝처의 오빠나 남동생
九〇、처제＝처의 여동생
九一、처형＝처의 언니
九二、사촌 처남＝처의 사촌 남형제
九三、사촌 처제＝처의 사촌 여동생
九四、처질(妻姪)、처질녀(妻姪女)、부질(婦姪)＝처조카 자신이다。
九五、생질(甥姪)＝누님이나 여동생의 아들、생질녀는 딸이다。
九六、이질(姨姪)＝처형이나 처제의 아들、이질녀는 딸。
九七、미아(迷兒)、가돈(家豚)、가아(家兒)、돈아(豚兒)、미돈(迷豚)、자식놈＝자기 자식을 남에게 말할때
九八、여아(女兒)、여식(女息)、딸년＝자기의 딸을 남에게 말할 때
九九、비소(鄙巢)、비가(鄙家)＝자기집을 남에게 말할 때
一〇〇、귀댁(貴宅)＝남의 집

一〇一、비문(鄙門)＝자기 문중

一〇二、귀문(貴門)、덕문(德門)＝남의 문중

一〇三、비지(鄙地)、비동(鄙洞)＝자기가 사는 곳

一〇四、귀지(貴地)、귀동(貴洞)＝남이 사는 곳

一〇五、구부간(舅婦間)＝시아버지와 며느리의 사이

一〇六、고부간(姑婦)＝시어머니와 며느리 사이

一〇七、조손간(祖孫間)＝할아버지와 손자 사이

一〇八、영손(令孫)＝남의 손자、손자놈＝자기의 손자

一〇九、집주인＝자기 남편、애아빠＝속된 표현이다。

一一〇、애비＝시부모에게 남편을 말할 때 쓰는 말

一一一、내자(內者)、내인(內人)、실인(室人)、내권(內眷)、한처(寒妻)、노형(老荊)은 자기의 아내。

一一二、사형(舍兄)＝나의 형님、백형(伯兄)、중형(仲兄)

一一三、백씨(伯氏)、중백씨(仲伯氏)、중씨(仲氏)、계씨(季氏)＝남의 형과 동생。

一一四、자씨(姊氏)、매씨(妹氏)는 남의 누님과 여동생

一一五、호씨(怙氏)는 부모(믿고 의지한다는 뜻)。

一一六、곤계(昆季)、곤제(昆弟)＝형제

一一七、영애(令愛)、영양(令孃)、영공자(令公子)는 남의 딸

一一八、규수(閨秀)＝시집갈 나이가 된 남의 딸

一一九、영윤(令胤)、윤옥(允玉)은 남의 아들

一二〇、상부(孀婦)＝홀며느리

一二一、고분(叩盆)은 상처、고분지통(상처의 아픔)

一二二、항려(伉儷)＝부부、짝

一二三、슬하(膝下)＝부모 밑에
편모슬하(偏母膝下)＝홀어머니를 뫼신 몸

一二四、 영악(令嶽)、 악옹(岳翁)은 남의 부인의 부친에 대한 존칭

○조카、손자 항렬이라도 자기보다 七年 이상 연장일 때는 존대말을 써야 한다。 그 이하일 때는 서로 평교(平交)하거나 상경(서로 존대)한다。

○처족은 자기 처보다 손윗분에게는 존칭하고 손아랫사람이라도 처제、처질녀(妻姪女)、이질녀에게는 예대를 하여야 한다。

○여자의 경우 자기보다 나이 많은 친조카에게는 서로 예대를 하여야 한다。 나이가 아래면 "하게"를 해도 무방하다。

○나보다 나이 많은 질부에게는 예대를 하여야 한다。 五寸 이하는 나이에 관계없이 예대를 하여야 한다。

○누님이나 여동생의 며느리(생질부)에게는 "하게"를 한다。

○손윗분 즉 할머니、어머니、형님、누님、고모、숙모벌 되는 분에게는 모두 존대말을 써야 한다。

○십년(十年)장 되시는 어른이 나에게 존대말을 하시거든 "위하지 마십시요" "말씀 낮추십시요" 하고 사양하여야 한다。

一二五、화혼(華婚)은 남의 결혼을 축하할 때

一二六、수연(壽筵 壽宴)은 환갑잔치

一二七、초초(草草)는 대강의 뜻(편지 끝에 씀)

一二八、비재 천식(菲才 淺識)은 천박한 재능과 얇은 지식

一二九、동창생(同窓生)=같은 학교를 나온 사람
동기동창(同期同窓)은 한해에 같은 학교를 같이 졸업한 사람들。

一三〇、결혼을 축하합니다、화혼을 축하합니다、길이 행복하시기 바랍니다。백년가약을 축하합니다。

一三一、생신을 축하합니다。만수무강을 빕니다。

一三二、수연을 축하합니다。만수무강을 빕니다。

一三三、정년퇴직을 축하하오며 복된 여생을 보내시기 바랍니다。

一三四、생남을 축하합니다。백일을 축하합니다。돐잔치를 축하합니다。

一三五、영전을 축하합니다。승진을 축하합니다。

一三六、합격을 축하합니다。입학·졸업을 축하합니다。

一三七、친환이 위중하시다니 더욱 민망스럽습니다。하루속히 회춘하시기를 빕니다。

一三八、삼가 조의를 표하며 삼가 명복을 빕니다。

一三九、대고에 할 말씀이 없읍니다。얼마나 애통하시겠읍니까?

一四〇、초면인사(初面人事)

○처음 뵙겠읍니다。뵈옵지 못했읍니다。

○제례하겠읍니다。뵈옵기 늦었읍니다。

○존함은 듣고 있었으나 인사가 늦었읍니다。

○선성은 듣고 있었으나 인사가 늦었읍니다。

○한자리에서 통성명이나 하고 지냅시다。

○오직 지도편달을 바랄 뿐입니다。

○아무 것도 모릅니다。 잘 부탁드리겠읍니다。

一四一、공사간 바쁘실 터인데 이렇게 누지를 방문(또는 왕림) 해 주셔서 감사합니다。

一四二、농번기가 되어서 집안이 누추합니다。

一四三、이렇게 와 주시니 영광입니다。

一四四、새해에 복 많이 받으십시요。

一四五、만사가 뜻하시는 대로 이루어지시기를 빕니다。

一四六、입택을 축하하오며 부귀영화를 빕니다。

一四七、수고 하세요。 고맙습니다。 미안합니다。 감사합니다。

一四八、시숙(媤叔)＝시아주버님、 남편의 형님

一四九、시매(媤妹)씨＝남편의 자형이나、매부

一五〇、악수(握手)는 윗사람이 먼저 손을 내 밀고 악수를 청할 때 이에 응하여야 한다。

어른이 악수를 청하지 않을때는 고개를 숙여 인사를 하여야 한다。

附錄 (I)

一、육갑법
二、음양
三、오행
四、이십사절
五、신살
六、남녀궁합법
七、택일문
八、기조문
九、택일신살정국

부 록 목 차

一、육 갑 법(六甲法)

육갑법이란 천간(天干)은 무엇이고 지지(地支)는 무엇이며 육십갑자(六十甲子)는 무엇을 말하고, 또는 천간과 지지는 서로 만나면 어떤 작용(作用)을 하는가 등에 대한 술학(術學)의 기본적 상식이다。

① 천간(天干)과 지지(地支)

천간을 그냥 간(干)이라고도 하고 지지(地支)를 그냥 지(支)라고도 하며 천간과 지지를 합칭 간지(干支)라 한다。 그리고 천간은 열개로 되어 있다하여 십간(十干)이라고도 하고、지지는 열두개가 있다해서 십이지(十二支)라고도 한다。

천간의 명칭과 순서는 아래와 같다。

天干(천간)=甲(갑)·乙(을)·丙(병)·丁(정)·戊(무)·己(기)·庚(경)·辛(신)·壬(임)·癸(계)

십이지의 명칭과 순서는 아래와 같다。

地支(지지)=子(자)·丑(축)·寅(인)·卯(묘)·辰(진)·巳(사)·午(오)·未(미)·申(신)·酉(유)·戌(술)·亥(해)

② 간지(干支)의 음양(陰陽)

천간과 지지는 각각 음양이 있는데 아래와 같다。

천간의 甲丙戊庚壬은 양에 속하고 乙丁己辛癸는 음에 속한다。
지지의 子寅辰午申戌은 양에 속하고 丑卯巳未酉亥는 음에 속한다。
이를 다음과 같이 표로 작성해 본다。

천간 天干	甲 양	乙 음	丙 양	丁 음	戊 양	己 음	庚 양	辛 음	壬 양	癸 음		
지지 地支	子 양	丑 음	寅 양	卯 음	辰 양	巳 음	午 양	未 음	申 양	酉 음	戌 양	亥 음

③ 간지(干支)의 작용(作用)

천간(天干)은 서로 충(沖)하는 것과 서로 합(合)하는 관계가 있고、지지(地支)는 합하고 충하고 형(刑)하고 파(破)하고 해(害)하고 싫어하는(怨嗔)것이 있으니 다음과 같다。

○간 합(干合)

천간끼리 서로 합이 되는 것인데 천간합(天干合) 또는 그냥 간합(干合)이라 한다。 다음과 같다。

甲己合(갑기합) 乙庚合(을경합) 丙辛合(병신합) 丁壬合(정임합) 戊癸合(무계합)

甲이 己를 만나거나 己가 甲을 만나면 서로 합(合)을 이룬다。乙庚 丙辛 丁壬 戊癸의 합도 마찬가지다。

○간 충(干冲)

충(冲)이란 서로 충돌한다는 뜻이다。이를 천간충(天干冲) 또는 그냥 간충(干冲)이라고도 하는데 아래와 같다。

甲庚冲(갑경충) 乙辛冲(을신충) 丙壬冲(병임충) 丁癸冲(정계충) 戊己冲(무기충)

가령 甲이 庚을 만나거나 庚이 甲을 만나면 서로 충돌하는 성질이 있다。乙辛冲 丙壬冲 丁癸冲 戊己冲도 甲庚冲과 같은 예다。

○지 합(支合)

지합(支合)이란 지지(地支)끼리 서로 합(合)을 이루는 것인바 지합에는 삼합(三合)과 육합(六合)이 있다。아래와 같다。

三合(삼합)=申子辰合 巳酉丑合 寅午戌合 亥卯未合

가령 申子辰이 三合인데 申이 子를 만나거나 辰을 만나도 合이오 子가 申이나 辰을 만나거나 辰이 子나 申을 만나도 合이니 申子辰 혹은 申辰、子辰、申子 이렇게 만나도 合이라 한다。그외 巳酉丑 酉丑 巳酉 巳丑도 合이오 寅午戌 寅午、午戌 寅戌이 만나도 合이며、亥卯未 亥未 亥卯 卯未、이렇게 만나도 合이다。원칙적으로 三合되는 지(支)끼리 셋이 모두 만나면 三合이오 둘씩 만나면 반합(半合) 또는 반회(半會)라 한다。

六合(육합)‖子丑合 寅亥合 卯戌合 辰酉合 巳申合 午未合

가령 子가 丑을 만나거나 丑이 子를 만나면 지합(支合) 또는 육합(六合)이라 한다。 寅亥合 卯戌合、辰酉合、巳申合、午未合도 마찬가지다。

○지 충(支冲)

지충(支冲)이란 지지끼리 서로 만나면 충돌하는 관계를 말하는데 이를 육충(六冲) 또는 지지상충(地支相冲)이라고도 한다。

子午冲 丑未冲 寅申冲 卯酉冲 辰戌冲 巳亥冲

子와 午가 상충(相冲)이오 丑과 未가 상충이오 寅과 申이 상충이오、卯와 酉가 상충이오、辰과 戌이 상충이오。巳와 亥가 상충이다。

○지 형(支刑)

지형(支刑)이란 지지끼리 서로 형(刑)한다는 뜻으로 충(冲)과 마찬가지의 작용을 한다。그리고 이 지형을 삼형(三刑)이라고도 칭한다。

寅巳申三刑(삼형) 丑戌未三刑 (子卯相刑(상형) 辰午酉亥自刑(자형)

寅巳申三刑이란 寅은 巳를 형하고、巳는 申을 형하고、申은 寅을 형한다 함이오、丑戌未三刑이란 丑은 戌을 형하고 戌은 未를 刑하고 未는 丑을 형한다 함이요、子卯상형(相刑) 이란 子와 卯가 서로 형한다 함이오、辰午酉亥자형(自刑)이란 辰은 辰을 午는 午를 酉는 酉를 亥는 亥를 같은 지(支)끼리 만나면 형한다는 뜻이다。

○ 지 파(支破)

지파(支破)를 육파(六破)라고도 하는데 파(破)란 서로 파괴한다는 뜻이다。

子酉破 丑辰破 寅亥破 巳申破 卯午破 戌未破

子는 酉를 파괴하고 酉는 子를 파괴하니 子酉가 만나면 서로 파괴한다는 뜻이다。 이하 丑-辰 寅-亥 巳-申 卯-午 戌-未의 파도 마찬가지다。

○ 지 해(支害)

지해(支害)는 육해(六害)라고도 하는데 서로 해치는 관계를 말한다。

子未害 丑午害 寅巳害 卯辰害 申亥害 酉戌害

가령 子未가 해(害)이니 子는 未를 해하고 未는 子를 해하므로 子未가 만나면 서로 해친다는 뜻이다。 이하 丑午 寅巳 卯辰 申亥 酉戌의 해도 마찬가지다。

○ 원 진(怨鎭)

원진이란 서로 미워하는 관계를 말한다。

子-未 丑-午 寅-酉 卯-申 辰-亥 巳-戌

子는 쥐、丑은 소、寅은 범、卯는 토끼、辰은 용、巳는 뱀、午는 말、未는 양(羊)、申은 원숭이(잔나비)、酉는 닭、戌은 개、亥는 돼지라 한다。 즉 쥐(子)는 양(未)의 뿔을 싫어하고、

소(丑)는 말(午)이 갈지않고 노는 것을 미워하고, 범(寅)은 닭(酉)의 부리가 짧은 것을 미워하고, 토끼(卯)는 원숭이(申)의 허리가 굽은 것을 원망하고, 용(辰)은 돼지(亥)의 얼굴이 검은 것을 미워하고 뱀(巳)은 개(戌)짖는 소리를 싫어한다。

(鼠忌羊頭角　午嗆馬不耕、　虎嗆鷄嘴短　兎怨候不平　龍嫌猪面黑　蛇驚犬吠聲)

④육십갑자(六十甲子)

육십갑자(六十甲子)의 기본은 십간(十干)과 십이지(十二支)다。 이 십간 십이지가 순서대로 서로 사귀어 배합(配合)하면 아래와 같이 육십개의 간지(干支)로 구성되므로 육십갑자라 한다。

甲子　乙丑　丙寅　丁卯　戊辰　己巳　庚午　辛未　壬申　癸酉
甲戌　乙亥　丙子　丁丑　戊寅　己卯　庚辰　辛巳　壬午　癸未
甲申　乙酉　丙戌　丁亥　戊子　己丑　庚寅　辛卯　壬辰　癸巳
甲午　乙未　丙申　丁酉　戊戌　己亥　庚子　辛丑　壬寅　癸卯
甲辰　乙巳　丙午　丁未　戊申　己酉　庚戌　辛亥　壬子　癸丑
甲寅　乙卯　丙辰　丁巳　戊午　己未　庚申　辛酉　壬戌　癸亥

⑤월 건 법(月建法)

월건법(月建法)이란 육갑법(六甲法)으로 일년 십이월은 각각 무엇에 해당하는가를 알아보는 법으로 다음과 같다。

正月ㅣ寅　二月ㅣ卯　三月ㅣ辰　四月ㅣ巳　五月ㅣ午　六月ㅣ未　七月ㅣ申　八月ㅣ酉
九月ㅣ戌　十月ㅣ亥　十一月ㅣ子　十二月ㅣ丑

어느 해를 막론하고 正月은 寅月이오 二月은 卯月、三月은 辰月、四月은 巳月、五月은 午月、六月은 未月、七月은 申月、八月은 酉月、九月은 戌月、十月은 亥月、十一月은 子月、十二月은 丑月이라 한다。

그런데 가령 正月은 寅月인데 위에 천간(天干)을 붙여 丙寅月 戊寅月 庚寅月 壬寅月、甲寅月 등으로 六十甲子가 月마다 속해 있는 것이니 이를 쉽게 따지는 요령은 아래와 같다。

甲己年—丙寅頭、乙庚年—戊寅頭、丙辛年—庚寅頭、丁壬年—壬寅頭、戊癸年—甲寅頭、

가령 甲年 즉 甲子 甲戌 甲申 甲午 甲辰 甲寅 등 태세(太歲)의 천간(天干)이 甲으로 되었거나 己巳 己卯 己丑 己亥 己酉 己未 등 태세의 천간이 己로 된 해(年)는 반드시 正月을 丙寅부터 시작하여 二月은 丁卯、三月은 戊辰、四月은 己巳、五月은 庚午、六月은 辛未、七月은 壬申、八月은 癸酉、九月은 甲戌、十月은 乙亥、十一月은 丙子、十二月은 丁丑月이 된다는 뜻이다。그와 乙庚年 丙辛年 丁壬年、戊癸年도 甲己年의 예와 같다。

이를 아래와 같이 일람표로 작성해 본다。

月別 / 生月	正 (寅)	二 (卯)	三 (辰)	四 (巳)	五 (午)	六 (未)	七 (申)	八 (酉)	九 (戌)	十 (亥)	十一 (子)	十二 (丑)
甲 己 年	丙寅	丁卯	戊辰	己巳	庚午	辛未	壬申	癸酉	甲戌	乙亥	丙子	丁丑
乙 庚 年	戊寅	己卯	庚辰	辛巳	壬午	癸未	甲申	乙酉	丙戌	丁亥	戊子	己丑

丙辛年	庚寅	辛卯	壬辰	癸巳	甲午	乙未	丙申	丁酉	戊戌	己亥	庚子	辛丑
丁壬年	壬寅	癸卯	甲辰	乙巳	丙午	丁未	戊申	己酉	庚戌	辛亥	壬子	癸丑
戊癸年	甲寅	乙卯	丙辰	丁巳	戊午	己未	庚申	辛酉	壬戌	癸亥	甲子	乙丑

가령 戊辰年 八月이면 辛酉月이오。 己巳年 三月이면 戊辰月이며 己巳年 七月이면 壬申月이다。

⑥시간법(時間法)

하루는 二十四時요。 六甲法으로 따지면 두 시간에 一支時씩 십이지시(十二支時)가 된다。 따지는 요령은 오후 十一時 零分부터 子時가 시작되어 두시간에 一支時씩 丑寅卯 辰巳午未申酉戌亥로 十二支 순서를 따져 나간다。

子時=오후	十一時初~다음날零時末	午時=오전	十一時初~오후一時末
丑時=오전	一時初~二時末	未時=오후	一時初~二時末
寅時=오전	三時初~四時末	申時=오후	三時初~四時末
卯時=오전	五時初~六時末	酉時=오후	五時初~六時末
辰時=오전	七時初~八時末	戌時=오후	七時初~八時末
巳時=오전	九時初~十時末	亥時=오후	九時初~十時末

〔참 고〕

오후 十一時 正刻(零分)부터 子時가 시작되어 二時間에 一支時씩 드는 것은 불변의 원칙이다。그러나 알아둘 것은 西紀 一九六一(辛丑)年 八月十日부터 十二時를 十二時三十分으로 三十分이 빠르게 앞당겨 현재까지 사용하고 있으니 이를 조절해야 한다。원래 우리나라는 동경(東經) 百二十七度五分、즉 서울지방을 기준하여 태양이 정남(正南)에 위치하는 時間을 정오(正午)—즉 낮 十二時 零分)로한 것이라야 정확한 十二支 시간이다。그런데 十二時를 十二時三十分으로 앞당겼으니 十二時 三十分이라야 사실상의 正午요 午時正이 된다。그러므로 술학(術學)의 적용원칙은 반드시 이를 맞추어 사용해야 한다。때문에 밤十一時에 子時가 드는 것이 아니고 十一時三十분이 되어야 子時가 시작된다는 점을 이해하기 바란다。따라서 모든 시간은 현재 시간보다 三十분을 늦추어야 한다。그리고 一九六一年 이전에 있었던 서머타임도 적용해서 시간을 조절해야 한다。

그리고 시간도 월건과 같이 그냥 子時、丑時 寅時 등으로만 따지는게 아니라 甲子時 乙丑時 식으로 지(支)위에 간(干)까지 포함해서 따져야만 한다。요령은 아래와 같다。

甲己日—甲子時、乙庚日—丙子時、丙辛日—戊子時、丁壬日—庚子時、戊癸日—壬子時

가령 일간(日干—日辰의 天干)이 甲이나 己로 된 날 즉 甲子 甲戌 甲申 甲午 甲辰 甲寅日이나 己巳 己卯、己丑、己亥、己酉、己未로 된 날에는 맨 처음 子時에 甲子부터 붙여 丑時는 乙丑、寅時는 丙寅、卯時는 丁卯、이렇게 六十甲子 순서로 十二時間을 따져나간다。 그 외도 같은 요령인데 이를 아래와 같이 일람표로 작성한다。

時 \ 日干	甲己日	乙庚日	丙辛日	丁壬日	戊癸日
子 零時	甲子	丙子	戊子	庚子	壬子
丑 一時 二時	乙丑	丁丑	己丑	辛丑	癸丑
寅 三時 四時	丙寅	戊寅	庚寅	壬寅	甲寅
卯 五時 六時	丁卯	己卯	辛卯	癸卯	乙卯
辰 七時 八時	戊辰	庚辰	壬辰	甲辰	丙辰
巳 九時 十時	己巳	辛巳	癸巳	乙巳	丁巳
午 十一時 十二時	庚午	壬午	甲午	丙午	戊午
未 오후 一時 二時	辛未	癸未	乙未	丁未	己未
申 三時 四時	壬申	甲申	丙申	戊申	庚申
酉 五時 六時	癸酉	乙酉	丁酉	己酉	辛酉
戌 七時 八時	甲戌	丙戌	戊戌	庚戌	壬戌
亥 九時 十時	乙亥	丁亥	己亥	辛亥	癸亥
子 十一時	丙子	戊子	庚子	壬子	甲子

⑦간 지(干支)의 수(數)

천간과 지지는 또 각각 그에 속한 수(數)가 있는데 선천수(先天數)와 후천수(後天數)와 중천수(中天數)가 있다。

○ 선천수(先天數)

甲己子午九、乙庚丑未八、丙辛寅申七、丁壬卯酉六 戊癸辰戌五 巳亥屬之四

○후천수(後天數)

壬子一、丁巳二、甲寅三、辛酉四 戊辰戌五、癸亥六 丙午七 乙卯八 庚辛九 己百(혹은 十)丑未十

○중천수(中天數)

甲己辰戌丑未十一、乙庚申酉十、丙辛亥子九、丁壬寅卯八、戊癸巳午七

※토정비결작괘법(土亭秘訣作卦法)

이상의 선후천수(先後天數) 및 중천수(中天數)로 다음과 같이 토정비결의 괘(卦)를 짓는다。
상괘(上卦)=당년 태세를 중천수에 의해 간지(干支)수를 합한 숫자에다 주인공의 당년 연령수를 합한다음 八로 제(除)하여 나머지 수로 상괘(上卦)를 정한다。(나머지가 없으면 그냥 八을 취한다。)

중괘(中卦)=주인공의 생월(生月)로 당년 출생월(出月生)의 월건(月建)을 선천수를 취하여 간지수를 합하고、그 달이(生月)크면 三十、작으면 二十九를 또 합해서 六으로 제(除) 하여 나머지 수로 중괘(中卦)를 정한다(나머지가 없으면 그냥 六을 취한다)

하괘(下卦)=주인공의 생일로 당년 생일의 일진을 취용하는바 日干은 선천수를、日支는 중천수를 취하여 干支합한 다음 또 생일 날수를 총합해서 三으로 제하여 남는 수로 하괘를 정한다(나머지가 없으면 다시 三으로 한다)

二、음 양(陰陽)

천지만물 가운데 음양(陰陽)으로 분류되지 않은 것은 하나도 없다。음양이란 상대성원리 (相

對性原理)와 거의 부합되는 것으로 높고 낮고、크고 작고、길고 짧고、넓고 좁고、두텁고 얇고、밝고 어둡고、따뜻하고、차고、뾰족하고 오목하고、희고 검고 한 것이 모두 상대적이며 따라서 음양으로 구분된다。

즉 하늘은 양이오。땅은 음이니。높은 것은 양이오。낮은 것은 음이다。밝은 것은 양이오。어두운 것은 음이니 해는 양이오 달은 음이며 낮은 양이오 밤은 음이다。수컷은 양이오 암컷은 음이니 남자는 양이오 여자는 음이다。

더운 것은 양이오 추운 것은 음이니 불은 양이오 물은 음이며、봄、여름은 양에 속하고、가을 겨울은 음에 속한다。강한 것은 양이오。약한 것은 음이며 강한 것은 양이오。부드러운 것은 음이다。급한 것은 양이오。느린 것은 음이며、긴 것은 양이오。짧은 것은 음이다。

천간(天干)의 甲丙戊庚壬은 양이오。乙丁己辛癸는 음이며、지지(地支)의 子寅辰午申戌은 양이오。丑卯巳未酉亥는 음이다。

숫자로는 一三五七九의 홀수(奇數)는 모두 양에 속하고 二四六八十의 짝수(偶數)는 모두 음에 속한다。

三、오 행(五行)

① 오행의 명칭

木 火 土 金 水

② 오행(五行)의 생극(生剋)

木火土金水 오행은 서로 만나면 반드시 생극비화(生剋比和)관계가 이루어진다。즉 상생(相生)

관계나 상극(相剋)관계 아니면 서로 비화(比和)된다。

상생(相生)=木生火 火生土 土生金 金生水 水生木

木은 火를 생하고、火는 土를 생하고、土는 金을 생하고、金은 水를 생하고、水는 木을 생한다。그러므로 木火가 상생관계요、火土가 상생관계요、土金이 상생관계요。金水가 상생관계요、水木이 상생관계다。

상극(相剋)=木剋土 土剋水 水剋火 火剋金 金剋木

木은 土를 극하고、土는 水를 극하고、水는 火를 극하고 火는 金을 극하고 金은 木을 극한다。그러므로 金木이 상극관계요。木土가 상극관계요。土水가 상극관계요。水火가 상극관계요、火金이 상극관계다。

相克
五行
相生

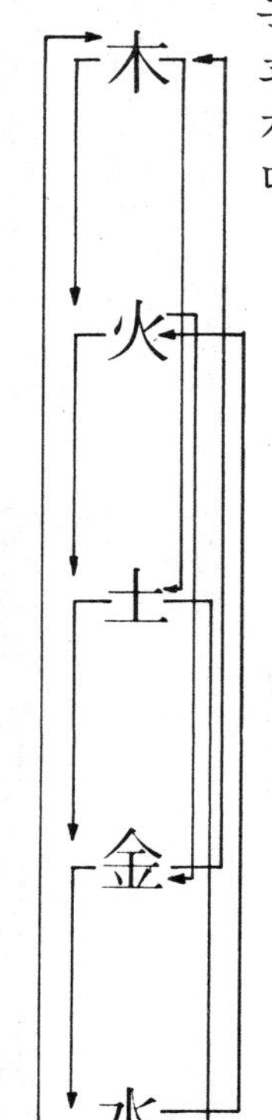

③오 행 소 속

○ 간지오행(干支五行)

甲乙寅卯木 丙丁巳午火 戊己辰戌丑未土 庚辛申酉金 壬癸亥子水

천간 甲乙과 지지 寅卯는 木이오、천간 丙丁과 지지 巳午는 火요、천간 戊己와 지지 辰戌丑未는 土요、천간 庚辛과 지지 申酉는 金이오、천간 壬癸와 지지 亥子는 水다。

○수(數)의 오행

一六水　二七火　三八木　四九金　五十土

一과 六은 水요、二와 七은 火요 三과 八은 木이요 四와 九는 金이오。五와 十은 土다。

이를(干支와 數) 다음과 같이 합칭하여 외운다。

甲乙三八木 丙丁二七火 戊己五十土、庚辛四九金 壬癸一六水、또는

甲乙寅卯三八木、丙丁巳午二七火、戊己辰戌丑未五十土、庚辛申酉四九金、壬癸亥子一六水

○오행방위(五行方位)

東方木　南方火　中央土　西方金　北方水 또는

甲乙東方木 丙丁南方火　戊己中央土、庚辛西方金　壬癸北方水

○오행색(五行色)

靑色木(청색목)　赤色火(적색화)　黃色土(황색토)　白色金(백색금)　黑色水(흑색수)

이를 다음과 같이 총칭하여 외운다。

甲乙東方靑色木 丙丁南方赤色火 戊己中央黃色土 庚辛西方白色金 壬癸北方黑色水

가령 甲과 乙은 동방에 속하고、甲乙木의 빛은 청색이다。丙과 丁은 남방이오。丙丁火의 빛은 적색이다。戊와 己는 중앙이오 戊己土의 빛은 황색이다。庚과 辛은 서방이오、 庚辛金의 빛은 백색이다。壬과 癸는 북방이요。壬癸水의 빛은 흑색이다。

○ 간합오행(干合五行)

천간이 합을 만나면 다음과 같은 오행이 작용된다。

甲己合土 乙庚合金 丙辛合水 丁壬合木 戊癸合火

甲己가 합하면 土로 화하고、乙庚이 合하면 金으로 화하고、丙辛이 合하면 水로 화하고、丁壬이 합하면 木으로 화하고、戊癸가 합하면 火로 화한다。

○ 삼합오행(三合五行)

申子辰合水 巳酉丑合金 寅午戌合火 亥卯未合木

申子辰 또는 申子 申辰 子辰이 합하면 水로 화하고、巳酉丑 또는 巳丑 巳酉 酉丑이 합하면 金으로 화하고、寅午戌 또는 寅午 寅戌 午戌이 합하면 火로 화하고、亥卯未 또는 亥卯 亥未 卯未가 합하면 木으로 화한다。

○ 육합오행(六合五行)

子丑合土 寅亥合土 卯戌合火 辰酉合金、巳申合水 午未合

子丑이 합하면 土로 화하고、寅亥가 합하면 木으로 화하고、卯戌이 합하면 火로 화하고 辰酉가 합하면 金으로 화하고、巳申이 합하면 水로 화하고 단午未가 합하면 오행은 화하지 않고 午는 火 未는 土 그대로이다。

四、 이십사절(二十四節)

① 절기(節氣)의 명칭

일년 가운데 다음과 같은 이십사절(二十四節)이 있다。

입춘(立春)、우수(雨水)、경칩(驚蟄)、춘분(春分)、청명(淸明)、곡우(穀雨)、입하(立夏)、
소만(小滿)、망종(芒種)、하지(夏至)、소서(小暑)、대서(大暑)、입추(立秋)、처서(處暑)、
백로(白露)、추분(秋分)、한로(寒露)、상강(霜降)、입동(立冬)、소설(小雪)、대설(大雪)、
동지(冬至)、소한(小寒)、대한(大寒)

② 이십사절 소속

입춘(立春)=正月節 의 날은 구세(舊歲)에서 신년(新年)으로 바뀌는 기준이다。그러므로 가령 十二月중에 입춘이 들었더라도 입춘일 입춘시간 부터는 다음해(新年) 태세(太歲)로 바뀌는 것이며 따라서 월건도 十二月이 아닌 다음해 正月의 월건으로 작용(作用)한다。

또는 입춘이 아무리 신년 正月中에 들었다、할지라도 입춘일 입춘시간이 되기 전 까지는 전년도 태세로 작용하며 따라서 월건도 전년 十二月의 월건으로 작용해야 한다。

우수(雨水)=正月의 중기(中氣)、

경칩(驚蟄)=二月節의 날(시간 포함)부터 비로소 二月의 월건을 적용한다。그러므로 正月中에 있어도 경칩부터는 二月의 월건을 쓰고 二月中이라도 경칩 전이면 正月의 월건을 적용한다。

춘분(春分)=二月의 중기(中氣)、

청명(淸明)=三月節、 청명이 드는 일시부터 三月의 월건을 적용한다。그러므로 청명이 二月

中에 있어도 청명부터는 三月의 월건을 쓰고、三月에 들어도 청명 전이면 二月의 월건을 쓴다。

곡우(穀雨)=四月의 중기(中氣)

입하(立夏)=五月節、입하가 三月에 있어도 입하가 드는 일시부터는 四月의 월건을 쓰고、입하가 四月에 들어도 입하 전이면 三月의 월건을 쓴다。

소만(小滿)=四月의 중기(中氣)

망종(芒種)=五月節、망종이 四月中에 있어도 망종이 드는 日時부터는 五月의 월건을 쓰고、五月中에 들어도 망종 전이면 四月의 월건을 쓴다。

하지(夏至)=五月의 중기(中氣)

소서(小暑)=六月節、소서가 五月中에 들어도 소서가 드는 日時부터는 六月의 월건을 쓰고、六月中에 들어도 아직 소서 전이면 五月의 월건을 쓴다。

대서(大暑)=六月의 중기(中氣)

입추(立秋)=七月節、입추가 六月中에 들어도 입추가 드는 日時부터는 七月의 월건을 쓰고、七月中에 들어도 입추 전이면 六月의 월건을 쓴다。

처서(處暑)=七月의 중기(中氣)

백로(白露)=八月節、백로가 七月中에 들어도 백로가 드는 日時부터는 八月의 월건을 쓰고、八月中에 들어도 아직 백로 전이면 七月의 월건을 쓴다。

추분(秋分)=八月의 중기(中氣)、

한로(寒露)=九月節、한로가 八月中에 있어도 한로가 드는 日時부터는 九月의 월건을 쓰고、九月中에 들어도 아직 한로 전이면 八月의 월건을 쓴다。

상강(霜降)=九月의 중기(中氣)

입동(立冬)=十月節、입동이 九月中에 들어도 입동이 드는 日時부터는 十月의 월건을 쓰고、十月에 들었어도 아직 입동 전이면 九月의 월건을 쓴다。

소설(小雪)＝十月의 중기(中氣)

대설(大雪)＝十一月節、대설이 十月中에 들어도 대설이 드는 日時부터는 十一月의 월건을 쓰고、비록 十一月에 들었어도 아직 대설 日時 전이면 十月의 월건을 쓴다。

동지(冬至)＝十一月의 중기(中氣)

소한(小寒)＝十二月節、소한이 十一月에 들었어도 소한일 소한시간 이후부터는 十二月의 월건을 쓰고、소한이 十二月에 들었어도 아직 소한 일시 전이면 十一月의 월건을 쓴다。

대한(大寒)＝十二月의 중기(中氣)

〔참고〕 절기(節氣)란 월건(月建)이 바뀌는 기준점이고 중기(中氣)란 월건이 시작되는 처음에서 끝의 중간점이다。

正月＝입춘(正月節)・우수(正月中氣)　　二月＝경칩(二月節)・춘분(二月中氣)
三月＝청명(三月節)・곡우(三月中氣)　　四月＝입하(四月節)・소만(四月中氣)
五月＝망종(五月節)・하지(五月中氣)　　六月＝소서(六月節)・대서(六月中氣)
七月＝입추(七月節)・처서(七月中氣)　　八月＝백로(八月節)・추분(八月中氣)
九月＝한로(九月節)・상강(九月中氣)　　十月＝입동(十月節)・소설(十月中氣)
十一月＝대설(十一月節)・동지(十一月中氣)　　十二月＝소한(十二月節)・대한(十二月中氣)

입　춘(立春)｛前이면 十二月의 月建
　　　　　　　後부터 경칩 전까지 正月의 月建

경　칩(驚蟄)｛前이면 正月의 月建
　　　　　　　後부터 청명전 까지 二月의 月建

청　명(清明)｛前이면 二月의 月建
　　　　　　　後부터 입하 전까지 三月의 月建

입하(立夏)
- 前이면 三月의 月建
- 後부터 망종 전까지 四月의 月建

망종(芒種)
- 前이면 四月의 月建
- 後부터 소서 전까지 五月의 月建

소서(小暑)
- 前이면 五月의 月建
- 後부터 입추 전까지 六月의 月建

입추(立秋)
- 前이면 六月의 月建
- 後부터 백로 전까지 七月의 月建

백로(白露)
- 前이면 七月의 月建
- 後부터 한로 전까지 八月의 月建

한로(寒露)
- 前이면 八月의 月建
- 後부터 입동 전까지 九月의 月建

입동(立冬)
- 前이면 九月의 月建
- 後부터 대설 전까지 十月의 월건

대설(大雪)
- 前이면 十月의 月建
- 後부터 소한 전까지 十一月의 月建

소한(小寒)
- 前이면 十一月의 月建
- 後부터 입춘 전까지 十二月의 月建

이상은 生年月日時에 의한 四柱 구성 뿐 아니라 모든 신살(神殺)에도 이 원칙을 적용해야 한다。왜냐 하면 술학(術學)은 거의가 오행의 생극비화(生尅比和)에 의한 성쇠(盛衰)로 논하는 것이므로 음력 初一日을 기준하여 月建이 바뀌면 四時 기온의 도수(度數)에 맞지 않고、절기(節氣)를 기준해야 한란조습(寒暖燥濕)의 도수에 맞기 때문이다。그러므로 四柱를 구성할 때 입춘(立春)에 태세(太歲)가 바뀐다는 것과 매월 월건은 그 달의 절일(節日)을 기준하여 바뀐다는 점을 이해하면 틀림이 없다。

五。신 살(神殺)

신살(神殺)이란 길신(吉神)과 흉살(凶殺)을 말한다。사람마다 사주 가운데 길신 또는 흉살이 있기 마련인데 어떤 길신이 있으며 어떤 흉살이 있는가를 살피고 또 그 길신 또는 흉신은 어떠한 작용을 하는가에 대해 간단히 기록한다。

①길 신(吉神)

○ 천을귀인(天乙貴人)

아래와 같은 천을귀인이 있으면 인덕이 많아 주위 환경에서 도와주는이가 많아 어려움을 당해도 무난히 해결된다。또는 총명하고 착하며 흉한 일을 만나도 그것이 계기가 되어 도리어 좋아진다는 길성이다。천을귀인은 다음과 같다。

甲戊庚日에 丑未、乙己日에 子申、丙丁日에 亥酉、辛日에 寅午、壬癸日에 巳卯、

日干	甲	乙	丙	丁	戊	己	庚	辛	壬	癸
천을귀인	未丑	申子	酉亥	酉亥	未丑	申子	未丑	午寅	卯巳	卯巳

가령 甲이나 戊나 庚日生이 年月日時支 가운데 丑이나 未가 있으면 곧 천을귀인이다。

○ 천월덕귀인(天月德貴人)

이 천덕귀인이나 월덕귀인이 있는 사람은 천을귀인과 마찬가지로 귀인의 도움이 많고 일생 나쁜 액을 당하지 아니한다。천월덕귀인은 아래와 같다。

천덕귀인‖正月丁 二月申 三月壬 四月辛 五月亥 六月甲 七月癸 八月寅 九月丙 十月乙 十一月巳 十二月庚

월덕귀인‖正五九月-丙 二六十月-甲 三七十一月-壬 四八十二月-庚

월별	正	二	三	四	五	六	七	八	九	十	十一	十二
천덕귀인	丁	申	壬	辛	亥	甲	癸	寅	丙	乙	巳	庚
원덕귀인	丙	甲	壬	庚	丙	甲	壬	庚	丙	甲	壬	庚

가령 正月生人이 사주 가운데 丁이 있으면 천덕귀인이오 丙이 있으면 월덕귀인이다。

○건　록(建祿)

이 건록을 정록(正祿) 또는 천록(天祿) 혹은 그냥 녹(祿)이라고도 한다。이 건록이 있는 사람은 몸이 건강하고 생활의 기반이 튼튼하며 일생 의식 걱정을 아니한다。건록은 다음과 같다。

甲日寅 乙日卯 丙戊日巳 丁己日午 庚日申 辛日酉 壬日亥 癸日子

日干	甲	乙	丙	丁	戊	己	庚	辛	壬	癸
건록	寅	卯	巳	午	巳	午	申	酉	亥	子

가령 甲日生이 月日時支 가운데 寅이 있으면 건록이다。

○암　록(暗祿)

암록은 건록의 육합(六合)되는 곳으로 이 암록이 있는 사람은 숨은 인덕이 있어 남모르는 도움을 받게 되고 귀인의 도움이 많다。암록은 아래와 같다。

甲日亥 乙日戌　丙戊日申　丁己日未　庚日巳　辛日辰　壬日寅　癸日丑

日干	甲	乙	丙	丁	戊	己	庚	辛	壬	癸
암록	亥	戌	申	未	申	未	巳	辰	寅	丑

가령 甲日生이 月日時支 가운데 亥가 있으면 암록이다。

○금 여(金輿)

아래와 같은 금여가 있는 사람은 용모가 단정하고 온화하며 재주가 있어 사람들의 존경을 받게 된다。 그리고 금여가 있으면 좋은 배우자를 만나고、 시지(時支)에 있으면 일가친척의 도움이 많고 자손도 훌륭히 둔다。

甲日辰 乙日巳 丙日未 丁日申 戊日未 己日申 庚日戌 辛日亥 壬日丑 癸日寅

日干	甲	乙	丙	丁	戊	己	庚	辛	壬	癸
금여	辰	巳	未	申	未	申	戌	亥	丑	寅

가령 甲日生이 月日時支 가운데 辰이 있으면 금여라 한다。

○장 성(將星)

이 장성이 있는 사람은 성격이 강하고 자존심이 강하여 굽히기를 싫어한다。 장성이 다른 길신과 만나면 문무겸전하여 크게 출세한다。 여자는 팔자가 세다。

申子辰年日—子、 巳酉丑年日—酉、 寅午戌年日—午、 亥卯未年日—卯

年日支	子	丑	寅	卯	辰	巳	午	未	申	酉	戌	亥

장성	子	酉	午	卯	子	酉	午	卯	子	酉	午	卯

가령 申子辰年生이 月日時에 子를 만나거나 申子辰日生이 年月時에 子를 만나면 장성이다。

○문 창(文昌)

이 문창성이 있으면 총명하여 학문에 뛰어나고 풍류를 좋아한다。 문창성은 아래와 같다。

甲日巳 乙日午 丙戊日申 丁己日酉 庚日亥 辛日子 壬日寅 癸日卯

日干	甲	乙	丙	丁	戊	己	庚	辛	壬	癸
문창	巳	午	申	酉	申	酉	亥	子	寅	卯

가령 甲日生이 年月日時支 가운데 巳가 있으면 문창성이다。

○역 마(驛馬)

이 역마가 있고 다른 길신을 만나면 외지(外地)에서 이름을 떨치거나 상업무역 운수업으로 성공하고 또는 해외출입이 순조로우나 사주 격국이 나쁘거나 흉신이 임하면 일생 객지 풍상이 심하여 편할 날이 없다고 한다。

申子辰年日ㅡ寅 巳酉丑年日ㅡ亥、寅午戌年日ㅡ申、亥卯未年日ㅡ巳

年日支	역마
子	寅
丑	亥
寅	申
卯	巳
辰	寅
巳	亥
午	申
未	巳
申	寅
酉	亥
戌	申
亥	巳

가령 申子辰年生이 月日時에 寅이 있거나 申子辰日生이 年月時 가운데 寅이 있으면 역마다。

○ 화 개(華蓋)

이 화개가 있으면 총명하고 문장의 실력이 뛰어나며 예술에도 조예가 깊은데 낭만성이 농후하여 돈이 헤프다。여자는 화개가 많으면 고독하거나 화류계가 되기 쉽다。

申子辰年日ー辰、 巳酉丑年日ー丑、 寅午戌年日ー戌、 亥卯未年日ー未

年日支	화개
子	辰
丑	丑
寅	戌
卯	未
辰	辰
巳	丑
午	戌
未	未
申	辰
酉	丑
戌	戌
亥	未

가령 申子辰年生이 月日時支 가운데 辰이 있으면 화개요、申子辰日生이 年月時支 가운데 辰이 있으면 화개다。

○홍란성(紅鸞星)

이 홍란성이 사주 가운데 있으면 용모가 단정하고 아름다우며 마음씨가 곱고 온화하다。

子生—卯　丑生—寅　寅生—丑　卯生—子　辰生—亥　巳生—戌
午生—酉　未生—申　申生—未　酉生—午　戌生—巳　亥生—辰

年支	子	丑	寅	卯	辰	巳	午	未	申	酉	戌	亥
홍란성	卯	寅	丑	子	亥	戌	酉	申	未	午	巳	辰

가령 子年生이 月日時支 가운데 卯가 있으면 홍란성이다。

○삼　기(三奇)

아래와 같은 삼기를 갖춘 사람은 영웅수재(英雄秀才)가 될 가능성이 높다 한다。 고로 일찍 출세하여 이름을 떨친다。

甲戊庚全=이를 천상삼기(天上三奇)라 한다。
乙丙丁全=이를 지하삼기(地下三奇)라 한다。
壬癸辛全=이를 인중삼기(人中三奇)라 한다。

가령 四柱의 天干에 甲戊庚 三字가 모두 있어야만 이에 해당한다。 乙丙丁 壬癸辛도 마찬가지다。

○육　수(六秀)

아래 일진에 태어난 사람은 재치 있고 재주가 총명하다。 단 너무 약고 이기적(利己的)인 경향이 있다。

戊子日　己丑日　戊午日　己未日　丙午日

○복덕수기(福德秀氣)

아래에 해당되는 복덕수기를 갖춘 사람은 총명하고 복록이 따른다。

乙乙乙全　巳酉丑全

사주에 乙字 셋이 있거나 지지에 巳酉丑 金局을 온전히 놓으면 이에 해당한다。

○천　혁(天赫)

아래와 같은 천혁이 있으면 나쁜 액을 만나도 우연히 전화위복 한다。

春三月—戊寅日　夏三月—甲午日、　秋三月—戊申日、　冬三月—甲子日

가령 正月 二月 三月 중에 출생하여 戊寅日生이면 이에 해당한다。하(夏)는 四五六月、 추(秋)는 七八九月、동(冬)은 十十一、十二月生이다。

○괴　강(魁罡)

이 괴강성은 길신의 작용도 하고、흉신의 작용도 한다。길흉간에 극단으로 몰고 가는 성신이므로 대부(大富)대귀(大貴)가 아니면 극히 빈천해진다。사주에 이 괴강이 많으면 크게 부귀하는데 단 여자는 팔자가 세어 고독하다。

庚辰　庚戌　壬辰　壬戌　戊戌

〔참고〕

이상의 길신(吉神)이 공망(空亡) 및 형충파해(刑冲破害) 또는 사절묘(死絶墓)에 들지 않아야 길신으로서의 효력을 발휘한다。 만일 길신이 있더라도 공망을 만나거나 형충파해 되거나 십이운성으로 사절묘에 들면 길신으로서의 아무런 효력이 없다。

② 흉 신(凶神)

○공 망(空亡)

즉 순중공망(旬中空亡)이다。 공망은 모든 성신(星辰-吉神 凶神을 막론하고)의 작용력을 무력화(無力化)시킨다。 그러므로 길신이 공망이면 흉하고, 흉살이 공망된 경우는 도리어 좋다。 생년이 공망이면 부모 조상의 덕이 없고, 생월이 공망이면 형제무덕 하거나 유산이 없어 자수성가 해야 하고, 일지(日支)가 공망이면 처덕이 없고, 시지(時支)가 공망이면 자손덕이 없거나 자손을 실패한다。

공망은 아래와 같다。

甲子旬中(甲子에서 癸酉日까지)-戌亥空
甲戌旬中(甲戌에서 癸未日까지)-申酉空
甲申旬中(甲申에서 癸巳日까지)-午未空
甲午旬中(甲午에서 癸卯日까지)-辰巳空
甲辰旬中(甲辰에서 癸丑日까지)-寅卯空
甲寅旬中(甲寅에서 癸亥日까지)-子丑空

가령 生日이 庚午日이라면 甲子旬中에 해당하니 사주 가운데 戌이나 亥가 있으면 이를 공망이라 한다。

○양 인(羊刃)

양인은 살성(殺星)으로 성격이 급하고 사납고 독하고 잔인하며 부상(負傷)손재 질병 등을 초래한다。단 사주 격국이 길하면 무관(武官)이나 형관(刑官)으로 출세한다。

甲日卯 乙日辰 丙戊日午 丁己日未 庚日酉 辛日戌 壬日子 癸日丑

日 干	甲	乙	丙	丁	戊	己	庚	辛	壬	癸
양 인	卯	辰	午	未	午	未	酉	戌	子	丑

가령 甲日生이 年月日時支 가운데 卯가 있으면 양인살이다。

○고과살(孤寡殺)

고과(孤寡)란 고신(孤辰)、과숙(寡宿)인데 남자는 고신살이 있으면 홀아비가 되는 살이오 여자는 과숙살이 있으면 과부가 되는 살이라 한다。사주가 길격으로 되어 있는 중에 이 살이 있으면 한 때 공방수에 불과하나 사주가 흉격인데다 이 살이 있으면 부부간에 생이사별을 면치 못한다고 한다。

亥子丑年日－寅戌(寅이 고신 戌이 과숙)
寅卯辰年日－巳丑(巳가 고신 丑이 과숙)
巳午未年日－申辰(申이 고신 辰이 과숙)
申酉戌年日－亥未(亥가 고신 未가 과숙)

年日支	子	丑	寅	卯	辰	巳	午	未	申	酉	戌	亥
고신(남)	寅	寅	巳	巳	巳	申	申	申	亥	亥	亥	寅
과숙(여)	戌	戌	丑	丑	丑	辰	辰	辰	未	未	未	戌

가령 男子 子年生이 月日時에 寅이 있거나 子日生이 年月時에 寅이 있으면 고신살이오、여자 子年生이 月日時에 戌이 있거나 子日生이 年月時에 戌이 있으면 과숙살이다。

○도 화(桃花)

도화를 함지살(咸池殺) 또는 목욕살(沐浴殺) 또는 패신(敗神)이라고도 한다。이 도화살이 있으면 남녀를 막론하고 색정(色情)에 방탕하기 쉽고 사치와 허영을 좋아한다。또는 이성을 유혹하는 매력이 있다 한다。

도화살은 아래와 같다。

申子辰年日ㅡ酉、巳酉丑年日ㅡ午、 寅午戌年日ㅡ卯 亥卯未年日ㅡ子

年日	子	丑	寅	卯	辰	巳	午	未	申	酉	戌	亥
도화살	酉	午	卯	子	酉	午	卯	子	酉	午	卯	子

가령 申子辰年生이 月日時支에 酉가 있거나 申子辰日生이 年月時支에 酉가 있으면 도화살이다。

○기타 흉신

年日支	子	丑	寅	卯	辰	巳	午	未	申	酉	戌	亥	備考
혈인(血刃)	丑	未	寅	申	卯	酉	辰	戌	巳	亥	午	子	年支기준
관재(官災)	卯	辰	巳	午	未	申	酉	戌	亥	子	丑	寅	年으로日支
재혼(再婚)	五	六	七	八	九	十	十一	十二	正	二	三	四	年으로月支
중혼(重婚)	四	五	六	七	八	九	十	十一	十二	正	二	三	年으로月支
오귀(五鬼)	辰	巳	午	未	申	酉	戌	亥	子	丑	寅	卯	日支기준
상문(喪門)	寅	卯	辰	巳	午	未	申	酉	戌	亥	子	丑	年支기준
조객(吊客)	戌	亥	子	丑	寅	卯	辰	巳	午	未	申	酉	年支기준

③ 십이살(十二殺)

이 십이살 가운데 장성、반안、역마、화개는 살이 아니다。

구분 \ 年度	申子辰生	巳酉丑生	寅午戌生	亥卯未生
겁살	巳	寅	亥	申
재살	午	卯	子	酉
천살	未	辰	丑	戌
지살	申	巳	寅	亥
연살	酉	午	卯	子
월살	戌	未	辰	丑
망신	亥	申	巳	寅
장성	子	酉	午	卯
반안	丑	戌	未	辰
역마	寅	亥	申	巳
육해	卯	子	酉	午
해개	辰	丑	戌	未

④십이운성(十二運星)

십이운성법(十二運星法)에는 두 가지가 있다。하나는 年이나 日支를 기준하여 정해지는 정국인데、이를 포태법(胞胎法)이라 하고、하나는 日干을 기준한 정국인데 이를 장생십이신(長生十二神)이라고도 한다。

○포태십이신(胞胎十二神)

金絶於寅＝巳酉丑　金은 포(胞)를 寅에 붙이고
木絶於申＝亥卯未　木은 포를 申에 붙이고、
水土絶於巳＝申子辰　水土는 포를 巳에 붙이고
火絶於亥＝寅午戌　火局은 胞를 亥에 붙인다。

이와 같은 원칙으로 포(胞―즉 絶)를 일으켜 태(胎)、양(養)、생(生)、욕(浴)、대(帶)、

관(官)、왕(旺)、쇠(衰)、병(病)、사(死)、장(葬)으로 순행(順行)하면 아래와 같다。

年支 / 구분	胞	胎	養	生	浴	帶	冠	旺	衰	病	死	葬
申子辰水	巳	午	未	申	酉	戌	亥	子	丑	寅	卯	辰
巳酉丑金	寅	卯	辰	巳	午	未	申	酉	戌	亥	子	丑
寅午戌火	亥	子	丑	寅	卯	辰	巳	午	未	申	酉	戌
亥卯未木	申	酉	戌	亥	子	丑	寅	卯	辰	巳	午	未

金寅、水土巳 火亥 木申、이는 포태법을 가장 간단하게 암기하는 요령이다。가령 申子辰水土局은 巳에 포를 붙여 순행하면 午에 태、未에 양、申에 생、酉에 욕、戌에 대、亥에 관、子에 왕、丑에 쇠、寅에 병、卯에 사 辰에 장이 된다。기타 火局、金局、木局土 모두 이와 같은 요령에 의한다。

○장생십이신(長生十二神)

장생법(長生法)이라 하는바 붙이는 요령은 다음과 같다。

木長生亥＝오행이 木이면 장생을 亥에、
火土長生寅＝오행이 火土면 장생을 寅에
金長生巳＝오행이 金이면 장생을 巳에、
水長生申＝오행이 水면 장생을 申에

이상의 원칙으로 장생을 일으켜 목욕(沐浴)、관대(冠帶)、임관(臨官)、제왕(帝旺)、쇠(衰)、병(病)、사(死)、묘(墓)、절(絶)、태(胎)、양(養)의 순서로 순행(順行)한다。

장생십이신 일람표를 참고하라。

구분 \ 五行	木	火土	金	水
장생(長生)	亥	寅	巳	申
목욕(沐浴)	子	卯	午	酉
관대(冠帶)	丑	辰	未	戌
임관(臨官)	寅	巳	申	亥
제왕(帝旺)	卯	午	酉	子
쇠(衰)	辰	未	戌	丑
병(病)	巳	申	亥	寅
사(死)	午	酉	子	卯
묘(墓)	未	戌	丑	辰
절(絶)	申	亥	寅	巳
태(胎)	酉	子	卯	午
양(養)	戌	丑	辰	未

가령 木은 亥에 장생을 붙여 순행하니 子에 목욕、丑에 관대、寅에 임관、卯에 제왕、辰에 쇠、巳에 병、午에 사、未에 묘、申에 절、酉에 태、戌에 양이 된다。기타 火土、金水의 경우도 木의 예와 마찬가지다。

또는 십이장생을 음양으로 구분해서 양(陽)은 순행(順行)하고 음(陰)은 역행(逆行)한다。

甲木長生亥 乙木長生午、

丙火長生寅 丁火長生酉

戊土長生寅　己土長生酉
庚金長生巳　辛金長生子
壬水長生申　癸水長生卯

甲丙戊庚壬 양간은 十二支를 순행하고 乙丁己辛癸 음간은 十二支를 역행하면 아래의 정국표(定局表)와 같다。

十二神＼日干	甲	乙	丙	丁	戊	己	庚	辛	壬	癸
장생(長生)	亥	午	寅	酉	寅	酉	巳	子	申	卯
목욕(沐浴)	子	巳	卯	申	卯	申	午	亥	酉	寅
관대(冠帶)	丑	辰	辰	未	辰	未	未	戌	戌	丑
임관(臨官)	寅	卯	巳	午	巳	午	申	酉	亥	子
제왕(帝旺)	卯	寅	午	巳	午	巳	酉	申	子	亥
쇠(衰)	辰	丑	未	辰	未	辰	戌	未	丑	戌
병(病)	巳	子	申	卯	申	卯	亥	午	寅	酉
사(死)	午	亥	酉	寅	酉	寅	子	巳	卯	申
묘(墓)·고(庫)	未	戌	戌	丑	戌	丑	丑	辰	辰	未

절(絶)	申	酉	亥	子	亥	子	寅	卯	巳	午
태(胎)	酉	申	子	亥	子	亥	卯	寅	午	巳
양(養)	戌	未	丑	戌	丑	戌	辰	丑	未	辰

六、남녀궁합법(男女宮合法)

① 납음궁합(納音宮合)

납음궁합이란 남녀 생년태세(生年太歲)의 납음오행(納音五行)으로 생극비화(生剋比和)관계를 따져 상생(相生)되면 길하고 상극(相剋)되면 불길하며 비화(比和)되면 길한 경우도 있고 불길한 경우도 있다 하는데 金金 火火의 비화는 나쁘고 水水 土土 木木의 비화는 좋게 보는 것이다。

이 납음궁합을 보려면 우선 남녀 생년태세가 어떤 오행에 속하는가를 알아야 한다。 아래와 같다。

○육십갑자납음오행(六十甲子納音五行)

甲子 乙丑 해중금(海中金)　丙寅 丁卯 노중화(爐中火)　戊辰 己巳 대림목(大林木)　庚午 辛未 노방토(路傍土)

壬申 癸酉 검봉금(劒鋒金)

甲戌 乙亥 산두화(山頭火)　丙子 丁丑 간하수(澗下水)　戊寅 己卯 성두토(城頭土)　庚辰 辛巳 백납금(白蠟金)

壬午 癸未 양류목(楊柳木)

甲申 乙酉 천중수(泉中水)　丙戌 丁亥 옥상토(屋上土)　戊子 己丑 벽력화(霹靂火)　庚寅 辛卯 송백목(松栢木)

壬辰 癸巳 장류수(長流水)

甲午 乙未 사중금(沙中金)　丙申 丁酉 산하화(山下火)　戊戌 己亥 평지목(平地木)　庚子 辛丑 옥상토(屋上土)

壬寅 癸卯 금박금(金箔金)

甲辰 乙巳 복등화(覆燈火)　丙午 丁未 천하수(天河水)　戊申 己酉 대역토(大驛土)　庚戌 辛亥 차천금(釵釧金)

壬子 癸丑 상자목(桑柘木)

甲寅 乙卯 대계수(大溪水)　丙辰 丁巳 사중토(沙中土)　戊午 己未 천상화(天上火)　庚申 辛酉 석류목(石榴木)

壬戌 癸亥 대해수(大海水)

그런데 남녀가 상극될 경우 여자가 남자의 극을 받는 것 보다 남자가 여자의 극을 받음이 더욱 마땅치 않다。 그리고 남녀를 막론하고 극을 받으면(相尅되는 것) 나쁘다 하나 다음과 같은 경우에는 극 받는 것을 도리어 기뻐한다。

○**金**은 火의 극을 꺼리지만 甲午·乙未 사중금(沙中金)과 庚戌·辛亥 차천금(釵釧金)은 火를 만나야 성공하고、

○**火**는 水의 극을 꺼리지만 戊子·己丑 벽력화(霹靂火)와 丙申·丁酉 산하화(山下火)와 戊午·己未 천상화(天上火)는 水를 만나야 영화를 누리고、

○**土**는 木의 극을 꺼리지만 庚午·辛未 노방토(路傍土)와 戊申·己酉 대역토(大驛土)와 丙辰 丁巳 사중토(沙中土)는 木이 아니면 평생의 행복을 그르치고、

○**水**는 土의 극을 꺼리지만 丙午·丁未 천하수(天河水)와 壬戌·癸亥 대해수(大海水)는 土를 만나면 자연히 발복되고

○**木**은 金의 극을 꺼리지만 오직 戊戌·己亥 평지목(平地木)은 金이 아니면 성공을 얻기 어렵다。

○납음궁합 해설

男金女金‖길 옆에 서 있는 복숭아와 살구나무 격(道傍桃杏)

두 金이 부딪히면 소리가 나는 법、강과 강이 만나 맞서니 가정이 시끄럽고 부부 불화하니 집을 잘 비우고 타향에 나가 풍상을 겪는다。

男金女木 ‖ 고난을 겪은 뒤 창성한다。(困而得昌)

金克木으로 金木이 상극이나 남자가 여자를 극하므로 나쁜 가운데 다행하다。남편은 아내를 아끼고、아내는 순종하면 초년 고난을 겪다가 차츰 발복하고 집안도 안락할 것이다。

男金女水 ‖ 물고기와 용이 물을 얻은 격(魚龍得水格)

상생궁합、고로 대길하여 부부 금슬이 좋고 일생 이별 없이 해로하며、자손이 슬하에 가득하되 모두 효성으로 양친을 받든다。초목이 봄을 만난듯이 날로 발전하는 대길한 궁합이다。

男金女火 ‖ 화분속의 매화가 봄을 기다리는 격(盆梅待春格)

火克金으로 상극되어 불길한 것 같으나 金이 용광로에 들면 단련되어 훌륭한 그릇이 된다。고로 이 궁합은 기국이 작은 사람은 불길하여 이별 수 있고、기국이 큰 사람은 크게 성취한다。단 초년의 곤고가 있은 뒤에야 발달하는 궁합이다。

男金女土＝봄에 난초를 심는 격(春日植蘭格)

土金이 상생하니 삼생(三生)의 연분이 만나 백년해로 한다。부귀빈천이야 하늘이 정한 운명이니 어쩔 수 없으나 같이 근심하고 같이 즐거워하면서 일생 다정하게 지낸다。

男木女木＝소는 농사 짓고 말은 수레를 끄는 격(牛耕馬行格)

木木이 비화되어 서로 맞서는 상이니 부부간의 뜻이 각기 다르다。금슬은 좋다 할 수 없으나 서로 돕는 마음으로 합심하면 자수성가 하여 재부(財富)를 누린다。

男木女金＝바람 앞에 등불을 켜논 격(風前掛燭格)

金克木으로 여자가 남자를 극하니 남자는 단명하고 여자는 과부가 된다。만일 죽어이별을 면한다면 암탉이 새벽에 우는 격으로 여인이 가권(家權)을 쥐고 흔들면서 남편을 능멸한다。

男木女水＝물고기가 변하여 용이 된 격(魚變化龍格)

金水가 상생하니 남편은 아내를 아끼고 아내는 남편을 공경하여 가도가 세워지고 온 가정이 화락한다。뿐 아니라 마른 나무가 봄을 만난 것 같이 날로 가업이 번창하고 자손도 크게 영귀하는 가장 이상적인 궁합이다。

男木女火＝높은 별당에 앉아 거문고를 타는 격(高堂彈琴格)

木火가 상생이라 부부 금슬이 지극하다。슬하에 많은 자녀들을 두어 가정의 즐거움이 끊일날 없고、일생 큰 액이 없이 백년해로 할 것이다。

男木女土＝물고기가 못 속에서 노는 격(魚遊沼澤格)

木克土로 상극이라 하나 한편 木은 흙에 뿌리를 박고 자라는 것이므로 나쁜것 같으면서도 나쁘지 않다。다만 남편 자신이 아내를 사랑하기에 노력한다면 의식이 족하고 원만한 가정을 누리면서 해로할 것이다。

男水女金 ‖ 봄에 꽃이 피고 가지가 돋아나는 격(春生花枝格)

金生水로 상생궁합이니 어질고 착한 아내와 지혜로운 남편이 서로 만나 백년을 화락한다。 천생의 연분이 만났으니 부귀영화가 자연 이르고 三남 四녀의 자녀를 두어 슬하의 영화도 극진하다。

男水女木 ‖ 평탄한 길을 말이 달리는 격(坦道馳馬格)

水生木이니 부부가 다정하고 일생 이별이 없다。 혹 부부가 만날 때 빈궁하더라도 날과 달로 발전하여 티끌모아 태산을 이루듯이 마침내는 크게 성공할 것이오、 자손도 창성하여 부귀를 얻게 되리라。

男水女水 ‖ 물고기가 봄물결 속에서 평화롭게 노는 격(魚遊春水格)

水水가 서로 합하니 시내물이 모여 강(江)이 되고、 잔솔을 심어 낙락장송이 된다。 전생의 인연이 이생에서 다시 만난것 같이 부부간에 백년화락 할 것이오 만사가 다 성취되어 무궁한 복록을 누릴 것이다。

男水女火 ‖ 소경이 개울 옆에서 지팡이를 짚고 서 있는 격(盲杖立溝格)

水火가 상극이니 부부의 뜻이 다르고 마음이 다르다。 전생에 원수가 만난듯이 서로 미워하여 걸핏하면 충돌하니 백년해로를 기약하기 어렵다。

男水女土 ‖ 토끼가 굴 속에서 숨어 있는 격(兎守其窟格)

土克水로 상극된 중에 아내가 남편을 업신여기는 상이다。 내 주장에 가정이 항시 시끄럽고 우환질고가 떠나지 않으니 우울한 나날을 보낼 뿐이다。

男火女金 ‖ 용이 여의주를 잃고 조화를 부리지 못하는 격(龍失明珠格)

火克金이니 상극궁합이라 부부의 뜻이 서로 어긋나 날마다 싸우게 되고 가정이 불안하니 매사불성으로 재물은 눈 녹듯이 사라져 빈궁해진다。 뿐 아니라 자손도 두기 어렵거나 두더라도 불초하여 부모 근심을 끼치게 되리라。

男火女木＝꽃동산에 봄이 돌아온 격(花園逢春格)

木生火라 상생궁합이니 부부가 화락하고 일생 이별이 없이 백년해로한다。뿐 아니라 자손 창성에 재물은 봄을 만난 초목과 같이 날로 번창하여 부귀영화를 누릴 것이다。

男火女水＝깨진 배로 바다를 건너는 격(破船渡海格)

水火가 상극이니 물에 기름을 섞은것 같이 부부의 뜻이 매양 어긋난다。동과 서로 나뉘어 거처하는 격이니 해로하기 어렵고 중도에서 생이별하기 쉽다。재물도 궁핍하고 자녀의 운도 나쁘다。

男火女火＝섭을 지고 불 속에 들어가는 격(負薪入火格)

두 불이 서로 만나니 불꽃이 치열하여 불타 재만 남는 상이다。단 십년도 동거하기 어렵고 화재수로 재산을 날리며 자살소동이 일어나는 등 가장 불길한 궁합이니 취하지 마라。

男火女土＝수하고、부하고 자손도 많이 두는 격(壽富多男格)

火生土로 상생궁합。부부가 화목하게 백년해로한다。재물도 족하고 가정도 원만할 것이오 일생 질병 없이 건강한 몸으로 부귀를 누리리라。

男土女金＝원앙이 서로 만난격(鴛鴦相逢格)

土生金이라 궁합 가운데 가장 이상적인 궁합이라 하겠다。소위 부창부수(夫唱婦隨)니 남편은 사랑하고 아내는 남편을 존경하여 가도가 바르게 세워진다。재물이야 말해 무엇하랴。부부 일심이니 아니되는 일 없이 날로 발전하여 석숭같은 부자가 부럽지 않으리라。

男土女木＝대들보가 부러지고 집이 무너진 격(棟折屋頹格)

木克土라 아내가 남편을 극하는 궁합이니 가장 불길하여 부부불화로 가정이 시끄럽지 않으면 중도에 파탄을 일으킨다。만약 이러한 궁합으로 혼처가 나서거든 아예 거절하고 다른 곳을 구하라、한 번 잘 못 만나면 서로가 불행하니라。

男土女水 ‖ 바위 위로 말이 달리는 격(馳馬岩上格)

土克水로 상극이니 부부 불화하고、아내의 질병으로 재산을 거의 날리며、집안이 차츰 기울어 간다。일생 되는 일이 적고 엉뚱한 변괴가 자주 일어나니 조용하고 편안할 날이 없다。

男土女火 ‖ 꾀꼬리가 버들가지 위에 앉은 격(鶯上柳枝格)

土生金으로 상생이 되니 항시 봄바람 같이 훈훈하다。부부 금슬이 다정함은 물론이요 해마다 경사가 이르고 부귀영화를 누리면서 해로한다。

男土女土 ‖ 모란이 곱게 핀 격(牧丹開發格)

양도(兩土)가 상합하니 부부의 뜻이 맞고 상부상조(相扶相助)하면서 백년을 해로한다。비록 부모의 유산은 없더라도 합심으로 자수성가하여 중년 이후로는 전답을 즐비하게 장만하리라。

② 구궁궁합(九宮宮合)

이 궁합법은 상·중·하원(上中下元)으로 분류해서 보게 되었으나 여기에서는 중원갑(中元甲)에 태어난 남녀를 기준 수록한다。왜냐하면 상원갑(上元甲)은 서기 一八六四年 甲子에서 一九二三年 癸亥까지 해당되므로 불필요한 것이고 하원갑(下元甲)은 서기 一九八四年 甲子부터이므로 아직 나이가 어려 결혼연령에 이르려면 앞으로 二十年은 지나야 한다。단 중원갑(中元甲)은 一九二四年 甲子에서 一九八三年 癸亥까지이므로 중원갑에 한해서만 수록해도 참고하는데 불편이 없기 때문이다。

남자는 甲子를 감궁(坎宮)에 붙여 九宮을 거꾸로 돌리고 여자는 곤궁(坤宮)에 甲子를 붙여

巽	離	女甲子(順) 坤
震	中	兌
艮	男甲子(逆) 坎	乾

九宮을 순으로 돌려 나가다가 출생한 생년태세(生年太歲)에 이르는 곳의 괘(卦)를 기준하여 一上生氣 二中天宜 三下絶体 四中遊魂 五上禍害、六中福德、七下絶命、八中歸魂 식으로 생기복덕 짚는 요령과 같이 한다。(만일 태세가 中宮에 들면 남자는 坤宮으로 따지고 여자는 艮宮으로 따진다。

생기(生氣)·복덕(福德)·천의(天醫)는 대길하고 본궁(本宮—즉 歸魂)은 평상하며 절체(絶體)와 유혼(遊魂)은 해가 없고 화해(禍害)·절명(絶命)이면 대흉하다。

이상의 요령을 직접 알아보기 쉽게 아래와 같이 조견표로 작성한다。

女子의 生		男子의 生: 甲子 癸酉 壬午 辛卯 庚子 己酉 戊午 **坎**	男子의 生: 乙丑 甲戌 癸未 壬辰 辛丑 庚戌 己未 **離**
甲子 癸酉 壬午 辛卯 庚子 己酉 戊午	**坤**	절명	유혼
乙丑 甲戌 癸未 壬辰 辛丑 庚戌 己未	**震**	복덕	생기
丙寅 乙亥 甲申 癸巳 壬寅 辛亥 庚申	**巽**	생기	복덕
丁卯 丙子 乙酉 甲午 癸卯 壬子 辛酉	**中**	천의	화해
戊辰 丁丑 丙戌 乙未 甲辰 癸丑 壬戌	**乾**	유혼	절명
己巳 戊寅 丁亥 丙申 乙巳 甲寅 癸亥	**兌**	화해	천의
庚午 己卯 戊子 丁酉 丙午 乙卯	**艮**	천의	화해
辛未 庚辰 己丑 戊戌 丁未 丙辰	**離**	절체	귀혼
壬申 辛巳 庚寅 己亥 戊申 丁巳	**坎**	귀혼	절체

丙寅 乙亥 甲申 癸巳 壬寅 辛亥 庚申	**艮**	생기	유혼	절명	귀혼	복덕	절체	귀혼	화해	천의
丁卯 丙子 乙酉 甲午 癸卯 壬子 辛酉	**兌**	복덕	절명	유혼	절체	생기	귀혼	절체	천의	화해
戊辰 丁丑 丙戌 乙未 甲辰 癸丑 壬戌	**乾**	절체	천의	화해	복덕	귀혼	생기	복덕	절명	유혼
己巳 戊寅 丁亥 丙申 乙巳 甲寅 癸亥	**中**	귀혼	화해	천의	생기	절체	복덕	생기	유혼	절명
庚午 己卯 戊子 丁酉 丙午 乙卯	**巽**	천의	절체	귀혼	절명	화해	유혼	절명	복덕	생기
辛未 庚辰 己丑 戊戌 丁未 丙辰	**震**	화해	귀혼	절체	유혼	천의	절명	유혼	생기	복덕
壬申 辛巳 庚寅 己亥 戊申 丁巳	**坤**	귀혼	화해	천의	생기	절체	복덕	생기	유혼	절명

가령 庚子生 남자와 辛丑生 女子는 복덕궁합이니 길하고、남자 癸卯生과 여자 戊申生은 화해궁합이 되어 대흉하다。그 외에도 같은 요령으로 남자(上)와 여자(下)의 生을 대조하여 어느 궁합에 해당하는가를 본다。

③ 기 타

○원진살(怨嗔殺)

남녀 궁합에 원진이 되면 부부간에 정이 없거나 심한 경우 이별수도 있다 한다。아래와 같다。

子—未(쥐띠와 양띠)、丑—午(소띠와 말띠)、寅—酉(범띠와 닭띠)、卯—申(토끼띠와 원숭이띠)、辰—亥(용띠와 돼지띠)、巳—戌(뱀띠와 개띠)

○가취멸문법(嫁娶滅門法)

남녀 혼인에 될 수 있으면 아래에 해당되는 생월끼리 피하는게 좋다고 한다。이는 소위 재산이 흩어지거나 자손이 창성하지 못한다는 것으로 다른 궁합이 모두 나쁘고 이에 해당하면 멸문(滅門)의 재앙도 이를 수 있다 한다。

正月女와 九月男、二月女와 八月男、三月女와 五月男、四月女와 六月男、五月女와 正月男、六月女와 十二月男、七月女와 三月男、八月女와 十月男、九月女와 四月男、十月女와 十一月男

七、택일문(擇日門)

(1) 생기복덕법(生氣福德法)

어떤 택일을 막론하고 첫째 주인공의 생기、복덕의 길일부터 맞춘 뒤에 해당부문의 길일과 합국(合局)해야 한다。그러므로 먼저 남녀 생기복덕법을 수록한다。

원래 이 생기복덕법은 조견표에 의하지 않고 암기법(暗記法)으로 따져 보는 방법이 있다。즉 남자는 一세를 離宮에 붙여 二세만은 坤을 건너 뛰고 兌、三세 乾、四세 坎、五세 艮、六세 震、七세 巽、八세 離、九세 坤、十세 兌、이렇게

1 40 8 48 16 56 24 64 32 72	9 41 17 49 25 57 33 65 73
男子	2 42 10 50 18 58 26 66 34 74
4 44 12 52 20 60 28 68 36 76	3 43 11 51 19 59 27 67 35 75

계속 돌리면 二十세에 坎、三十세에 震、四十세에 離、五十세에 兌、六十세에 坎、七十세에 震宮이 닿고、여자는 一세를 坎에 붙여 八方을 거꾸로 돌린다。즉 二세 乾、三세 兌、四세 坤、五세 離、六세 巽 七세 震、八세만은 艮을 건너 坎에 이르

6 45 13 53 21 61 29 69 37 77	5 44 12 52 20 60 28 68 36 76	4 43 11 51 19 59 27 67 35 75	7 47 15 55 23 63 31 71 39 79
7 46 14 54 22 62 30 70 38 78	女 子	3 42 10 50 18 58 26 66 34 74	6 46 14 54 22 62 30 70 38 78
15 47 23 55 31 63 39 71 79	1 40 8 48 16 56 24 64 32 72	2 41 9 49 17 57 25 65 33 73	5 45 13 53 21 61 29 69 37 77

고、九세 乾、十세 兌、이렇게 계속 돌려 나가면 二十에 離、三十에 震、四十에 坎 五十에 兌、六十에 離、七十에 震、八十에는 坎宮에 닿는다。

위 남녀 연령배치도를 참고하라。

그리하여 해당되는 연령이 닿는 곳의 괘(卦)의 모양을 손으로 만들어 一上生氣부터 시작하여 二中天醫、三下絶體、四中遊魂、五上禍害、六中福德、七下絶命、八中歸魂의 순서로 떼어져 있는 것은 붙이고、붙은 것은 펴면서 日辰과 같은 卦의 모양이 이루어질때 불러지는 것이 바로 그 일진에 해당하는 생기·복덕신이다。가령 남자 五十세라면 나이가 태궁(兌宮)에 닿고 兌는 兌上絶(☱)이라 上生氣 부르면서 上指(食指)를 붙이면 乾三連이니 戌亥日이 생기요、二中天醫 부르면서 中指를 떼면 離虛中이 되니 午日은 천의요、三下絶体 부르면서 下指(藥指)를 떼면 艮上連이 되니 丑寅日은 절체요、四中遊魂 부르면서 中指를 붙이면 巽下絶이 되니 辰巳日은 유혼이요、五上禍害 부르면서 上指를 떼면 坎中連이 되니 子日은 화해요 六中福德 부르면서 中指를 떼면 坤三絶이 되니 未申日은 복덕이오、七下絶命 부르면서 下指를 붙이면 震下連이 되니 卯日은 절명이요、八中遊魂 부르면서 中指를 붙이면 兌上絶이 되니 酉日은 귀혼이다。

子日—坎中連、 丑寅日—艮上連、 卯日—震下連、 辰巳日—巽下絶
午 日—離虛中、 未申日—坤三絶、 酉日—兌上絶、 戌亥日—乾三連

이상과 같은 요령으로 생기법(生氣法)을 따져 아래와 같은 조견표를 만들었으니 위 요령에 이해가 어려우면 이 조견표에서 남녀 구분하여 직접 연령만 찾으면 어느 日辰에 무엇이 해당하는가를 쉽게 알 수 있을 것이다。

○ 생기·복덕 조견표

구분	연령	생기(生氣)	천의(天醫)	절체(絶體)	유혼(遊魂)	화해(禍害)
男子의 연령	一 八 一六 二四 三二 四〇 四八 五六 六四 七二	卯	酉	子	未申	丑寅
	九 一七 二五 三三 四一 四九 五七 六五 七三	丑寅	辰巳	戌亥	午	卯
	二 一〇 一八 二六 三四 四二 五〇 五八 六六 七四	戌亥	午	丑寅	辰巳	子
	三 一一 一九 二七 三五 四三 五一 五九 六七 七五	酉	卯	未申	子	辰巳
	四 一二 二〇 二八 三六 四四 五二 六〇 六八 七六	辰巳	丑寅	午	戌亥	酉
	五 一三 二一 二九 三七 四五 五三 六一 六九 七七	未申	子	酉	卯	午
	六 一四 二二 三〇 三八 四六 五四 六二 七〇 七八	午	戌亥	辰巳	丑寅	未申
	七 一五 二三 三一 三九 四七 五五 六三 七一 七九	子	未申	卯	酉	戌亥
女子의 연령	一 八 一六 二四 三二 四〇 四八 五六 六四 七二	辰巳	丑寅	午	戌亥	酉
	二 九 一七 二五 三三 四一 四九 五七 六五 七三	酉	卯	未申	子	辰巳
	三 一〇 一八 二六 三四 四二 五〇 五八 六六 七四	戌亥	午	丑寅	辰巳	子
	四 一一 一九 二七 三五 四三 五一 五九 六七 七五	丑寅	辰巳	戌亥	午	卯
	五 一二 二〇 二八 三六 四四 五二 六〇 六八 七六	卯	酉	子	未申	丑寅
	六 一三 二一 二九 三七 四五 五三 六一 六九 七七	子	未申	卯	酉	戌亥
	七 一四 二二 三〇 三八 四六 五四 六二 七〇 七八	午	戌亥	辰巳	丑寅	未申
	一五 二三 三一 三九 四七 五五 六三 七一 七九	未申	子	酉	卯	午

복덕(福德)	절명(絶命)	귀혼(歸魂)
辰巳	戌亥	午
酉	子	未申
未申	卯	酉
丑寅	午	戌亥
卯	未申	子
戌亥	辰巳	丑寅
子	酉	卯
午	丑寅	辰巳
卯	未申	子
丑寅	午	戌亥
未申	卯	酉
酉	子	未申
辰巳	戌亥	午
午	丑寅	辰巳
子	酉	卯
戌亥	辰巳	丑寅

생기(生氣)·천의(天醫)·복덕일(福德日)은 대길하고、절체(絶體)·유혼(遊魂)·귀혼일(歸魂日)은 평평하니 생기 복덕 천의일을 가리기 어려울 경우 사용해도 무방하고、오직 화해(禍害)·절명일(絶命日)은 대흉하니 사용치 마라。

가령 남자 一세、八세、十六세、二十四세 등은 卯日이 생기요 酉日이 천의、子日이 절체、未申日이 유혼、丑寅日이 화해、辰巳日이 복덕、戌亥日이 화해、午日이 귀혼이다。그러므로 이상의 연령은 丑寅日(화해)과 戌亥日(절명)을 피하는 것이 좋다。

(2) 혼인문(婚姻門)

① 혼인운 보는 법

○합혼개폐법(合婚開閉法)

이는 여자의 연령으로 몇살에 혼인하면 좋고 나쁜가를 보는 방법인데 대개운(大開運)에 혼인하면 결혼후 부부 화목하고、반개운(半開運)에 혼인하면 부부 불화하며、폐개운(閉開運)에 혼인하면 부부 이별하게 된다고 한다。

다음과 같다。

生女	大開	半開	閉開
子午卯生女	十七 二十 二十三 二十六 二十九 三十二 三十五	十八 二十一 二十四 二十七 三十 三十三 三十六	十九 二十二 二十五 二十八 三十一 三十四 三十七
寅申巳亥生女	十六 十九 二十二 二十五 二十八 三十一 三十四	十七 二十 二十三 二十六 二十九 三十二 三十五	十八 二十一 二十四 二十七 三十 三十三 三十六
辰戌丑未生女	十五 十八 二十一 二十四 二十七 三十 三十三	十六 十九 二十二 二十五 二十八 三十一 三十四	十七 二十 二十三 二十六 二十九 三十二 三十五

○혼인흉년(婚姻凶年)

아래에 해당되는 해에 혼인하면 불길하니 피하는 것이 좋다。

生年	男	女
子年生	未年	卯年
丑年生	申年	寅年
寅年生	酉年	丑年
卯年生	戌年	子年
辰年生	亥年	亥年
巳年生	子年	戌年
午年生	丑年	酉年
未年生	寅年	申年
申年生	卯年	未年
酉年生	辰年	午年
戌年生	巳年	巳年
亥年生	午年	辰年

② 혼인달 가리는 법

○살부대기월(殺夫大忌月)

다음에 해당되는 달에 혼인하는 여자는 결혼후 그 남편과 생이사별 하는 수가 있다。하니 피하는 것이 좋다。

子生女－正・二月、丑生女－四月、寅生女－七月、卯生女－十二月、辰生女－四月、巳生女－五月

午生女－八・十二月、未生女－六・七月、申生女－六・七月、酉生女－八月、戌生女－十二月、亥生女－七・八月

○가취월(嫁娶月)

혼인에 길한 달을 가리고 나쁜 달을 피하는 방법인데 단 여자의 생(生)으로 기준한다。아래 표를 참고하라。

女子의 生 ＼ 구분	대리월(大利月)	방매씨(妨媒氏)	방옹고(妨翁姑)
子生 午生	六月 十二月	正月 七月	二月 八月
丑生 未生	五月 十一月	四月 十月	三月 九月
寅生 申生	二月 八月	三月 九月	四月 十月
卯生 酉生	正月 七月	六月 十二月	五月 十一月
辰生 戌生	四月 十月	五月 十一月	六月 十二月
巳生 亥生	三月 九月	二月 八月	正月 七月
비고	大吉함	혼인해도 무방함。	시부모가 없으면 무방함

방여부모(妨女父母)	三月 九月	二月 八月	五月 十一月	四月 十月	正月 七月	六月 十二月	친정부모가 없으면 무방함
방부주(妨夫主)	四月 十月	正月 七月	六月 十二月	三月 九月	二月 八月	五月 十一月	신랑에게 불길함
방여신(妨女身)	五月 十一月	六月 十二月	正月 七月	二月 八月	三月 九月	四月 十月	신부 자신에게 불길함

가령 자년생 여자라면 六月과 十二月에 혼인함이 가장 좋다。또는 正月과 七月도 무방하며 시부모가 없으면 二月이나 八月에도 혼인하면 되고、친정 부모가 없으면 三月이나 九月에도 혼인할 수 있다。단 四月 十月은 남편에게 흉하고、五月 十一月은 자신에게 흉하니 혼인하지 말아야 한다。

③ 날짜 가리는 법

혼인에 좋은 날은 음양부장길일(陰陽不將吉日)이나 오합일(五合日)이 최상 길일이며、다음에는 십전대길일(十全大吉日) 천은(天恩)、대명(大明)·모창(母倉) 천사(天赦)의 사대길일(四大吉日)、천롱(天聾)·지아일(地啞日) 그리고 천월덕(天月德) 및 천월덕합일(天月德合日)、황도일(黃道日) 가운데서 두 세개의 길신을 합해 가리면 된다。

요령은 음양부장길일에서 우선 뽑고、이 날이 생기법 등에 맞지 않아 곤난하거든 오합일을 택하고、이 날도 마땅치 않거든 십전대길일이나 천은·대명·모창·천사일이나 천롱지아일에서 뽑아 천월덕 및 천월덕합일과 같이 만나도록 하되 가급적 황도일을 겸하는 것이 좋다。

〇음양부장길일(陰陽不將吉日)

正月=丙寅　丁卯　戊寅　庚寅　辛卯
二月=乙丑　丙寅　丙子　丁丑　戊寅　戊子　己丑　庚寅　庚子
三月=甲子　丙子　乙酉　丙戌　丁酉　己酉
四月=甲子　甲戌　丙子　丙戌　戊子　戊戌
五月=癸酉　甲戌　癸未　甲申　乙酉　丙戌　乙未　丙申　戊戌　戊申
六月=壬申　壬午　癸未　甲申
七月=壬申　甲申　癸巳　乙巳
八月=壬申　壬午　甲申　癸巳　甲午
九月=庚午　辛巳　壬午　辛卯　癸巳　癸卯
十月=庚午　庚辰　壬午　辛卯　壬辰　癸卯
十一月=己巳　丁丑　庚辰　辛巳　己丑　庚寅　壬辰　辛丑　壬寅　丁巳
十二月=丙寅　丙子　戊子　戊寅　庚寅　庚子

이상의 부장길일은 위 일진보다 더 있으나 혼인을 못하는 천적(天賊)·수사(受死)·홍사(紅紗)·피마(披麻)·월살(月殺)에 해당하여 이를 뺀 나머지만 기록하였다。

〇오합일(五合日)

즉 寅卯日이 모두 오합일인데 아래와 같다。

丙寅·丁卯=음양합(陰陽合)、戊寅·己卯=인민합(人民合)、庚寅·辛卯=금석합(金石合)
壬寅·癸卯=강하합(江河合)、甲寅·乙卯=일월합(日月合)

즉 丙寅·丁卯·戊寅·己卯·庚寅·辛卯·壬寅·癸卯·甲寅·乙卯日을 오합일(五合日)이라 한다。

○십전대길일(十全大吉日)

乙丑·丁卯·丙子·丁丑·己丑·辛卯·癸卯·乙巳·壬子·癸丑(庚寅·癸巳·乙未日도 吉)

○천은상길일(天恩上吉日)

甲子·乙丑·丙寅·丁卯·戊辰·己卯·庚辰·辛巳·壬午·癸未·己酉·庚戌·辛亥·壬子·癸丑

○대명상길일(大明上吉日)

辛未·壬申·癸酉·丁丑·己卯·壬午·甲申·丁亥·壬辰·乙未·壬寅·甲辰·乙巳·丙午·己酉·庚戌·辛亥

○천사상길일(天赦上吉日)

春ㅣ戊寅日　夏ㅣ甲午日　秋ㅣ戊申日　冬ㅣ甲子日

○모창상길일(母倉上吉日)

春ㅣ亥子日　夏ㅣ寅卯日　秋ㅣ辰戌丑未日　冬ㅣ申酉日

○천롱일(天聾日)

丙寅　戊辰　丙子　丙申　庚子　壬子　丙辰

○지아일(地啞日)

乙丑　丁卯　己卯　辛巳　乙未　己亥　辛丑　辛亥　癸丑　辛酉

○천월덕(天月德) 및 합일(合日)

천덕(天德)·월덕(月德)과 천덕합(天德合)·월덕합일(月德合日)은 아래와 같다。이 날은 혼인 뿐 아니라 인간 백사에 다 길한 날이다。

구분 \ 月別	正	二	三	四	五	六	七	八	九	十	十一	十二
천 덕	丁	申	壬	辛	亥	甲	癸	寅	丙	乙	巳	庚
천 덕 합	壬	巳	丁	丙	寅	己	戊	亥	辛	庚	申	乙
월 덕	丙	甲	壬	庚	丙	甲	壬	庚	丙	甲	壬	庚
월 덕 합	辛	己	丁	乙	辛	己	丁	乙	辛	己	丁	乙

○황 도(黃 道)

황도는 길하고 흑도(黑道)는 흉신이다。보는 법은 月로 日辰을 대조하고, 또는 日辰으로 時를 대조한다。이 황도는 천강(天罡)·하괴(河魁)의 흉살을 능히 제화(制化)하는 길신이다。그리고 혼인시간 및 모든 행사의 좋은 時를 가리려면 이 황도시(黃道時)를 적용함이 좋다。

구분 \ 月로日·日로時	寅	卯	辰	巳	午	未	申	酉	戌	亥	子	丑
청룡황도(靑龍黃道)	子	寅	辰	午	申	戌	子	寅	辰	午	申	戌
명당황도(明堂黃道)	丑	卯	巳	未	酉	亥	丑	卯	巳	未	酉	亥

천형흑도(天刑黑道)	寅	辰	午	申	戌	子	寅	辰	午	申	戌	子
주작흑도(朱雀黑道)	卯	巳	未	酉	亥	丑	卯	巳	未	酉	亥	丑
금궤황도(金櫃黃道)	辰	午	申	戌	子	寅	辰	午	申	戌	子	寅
대덕황도(大德黃道)	巳	未	酉	亥	丑	卯	巳	未	酉	亥	丑	卯
백호흑도(白虎黑道)	午	申	戌	子	寅	辰	午	申	戌	子	寅	辰
옥당황도(玉堂黃道)	未	酉	亥	丑	卯	巳	未	酉	亥	丑	卯	巳
천뇌흑도(天牢黑道)	申	戌	子	寅	辰	午	申	戌	子	寅	辰	午
현무흑도(玄武黑道)	酉	亥	丑	卯	巳	未	酉	亥	丑	卯	巳	未
사명황도(司命黃道)	戌	子	寅	辰	午	申	戌	子	寅	辰	午	申
구진흑도(句陳黑道)	亥	丑	卯	巳	未	酉	亥	丑	卯	巳	未	酉

가령 正月(寅月)이면 子丑辰巳未戌日은 황도일이고 그 외는 흑도의 흉신이다。또는 寅日이면 子丑辰巳未戌時가 황도가 드는 길한 시간이다。

④ 혼인에 꺼리는 날

다음과 같은 흉신일(凶神日)을 피한다。

월염(月厭)·염대(厭對)·천적(天賊)·수사(受使)·홍사(紅紗)·피마(披麻)·월살(月殺)·월파(月破)·매월 亥日、남녀 본명일(本命日 ㅡ 가령 甲子生이면 甲子日) 동지·하지 단오(端午)·四月八日、십악(十惡)·복단(伏斷)、화해(禍害)、절명일(絶命日)、천강(天罡)、하괴(河魁)、월기일(月忌日)

○천적·수사·홍사·피마·월살·월염·염대·월파·천강·하괴일

이상 흉신의 정국은 아래와 같다。

月別 \ 흉신	천적(天賊)	수사(受死)	홍사(紅紗)	피마(披麻)	월살(月殺)	월염(月厭)	염대(厭對)	월파(月破)	천강(天罡)	하괴(河魁)
正	辰	戌	酉	子	丑	戌	辰	申	巳	亥
二	酉	辰	巳	酉	戌	酉	卯	酉	子	午
三	寅	亥	丑	午	未	申	寅	戌	未	丑
四	未	巳	酉	卯	辰	未	丑	亥	寅	申
五	子	子	巳	子	丑	午	子	子	酉	卯
六	巳	午	丑	酉	戌	巳	亥	丑	辰	戌
七	戌	丑	酉	午	未	辰	戌	寅	亥	巳
八	卯	未	巳	卯	辰	卯	酉	卯	午	子
九	申	寅	丑	子	丑	寅	申	辰	丑	未
十	丑	申	酉	酉	戌	丑	未	巳	申	寅
十一	午	卯	巳	午	未	子	午	午	卯	酉
十二	亥	酉	丑	卯	辰	亥	巳	未	戌	辰

월살(月殺)은 五合日이면 범해도 무방하고、천강(天罡)·하괴(河魁)는 황도일(黃道日)과 같이 만나면 꺼리지 않는다。

○십악일(十惡日)

甲己年 ‖ 三月戊戌日、七月癸亥日、十月丙申日、十一月丁亥日
乙庚年 ‖ 四月壬申日、九月乙巳日
丙辛年 ‖ 三月辛巳日、九月庚辰日
丁壬年 ‖ 없음　戊癸年 ‖ 六月丑日

○복단일(伏斷日)

이 복단일은 혼인 뿐 아니라 변소 짓고 젖떼는 일 이외는 백사 대흉하다。다음과 같다。

子虛　丑斗　寅室　卯女　辰箕　巳房　午角　未張　申鬼　酉觜　戌胃　亥壁

가령 子日에 二十八宿의 허숙(虛宿)과 같이 만나면 복단일인데 이를 다음과 같이 간단하게 나타낸다。

日辰	子	丑	寅	卯	辰	巳	午	未	申	酉	戌	亥
요일	日	木	火	土	水	日	木	月	金	火	土	水

가령 子日과 일요일이 같이 만나거나、丑日에 木요일과 같이 만나면 복단일이 된다。

○월기일(月忌日)

매월 初五日　十四日　二十三日

이 월기일은 寅卯日과 같이 만나면 꺼리지 않는다。

○상부상처살(喪夫喪妻殺)

春 ‐ 丙午・丁未日(상처)　冬 ‐ 壬子・癸亥日(상부)

○고과살(孤寡殺)

亥子丑生 男은 寅日、女는 戌日、寅卯辰生 남은 巳日、女는 丑日、
巳午未生 男은 申日、女는 辰日、申酉戌生 男은 亥日、女는 未日。

○가취대흉일(嫁娶大凶日)

春 ㅣ 甲子·乙丑日　夏 ㅣ 丙子·丁丑日　秋 ㅣ 庚子·辛丑日　冬 ㅣ 壬子·癸丑日
正五九月 ㅣ 庚日·　二六十月 ㅣ 乙日　三七十一月 ㅣ 丙日　四八十二月 ㅣ 癸日

⑤ 혼인주당(婚姻周堂)

주당이 신랑이나 신부에 닿는 날은 혼인을 못한다。 만일 옹(翁)에 닿으면 신랑이 초례청에 처음 들어설 때 신부의 부친이 잠시 피하면 되고、신부가 초례청에 처음 들어설 때 신랑 부모가 잠시 피하면 된다。고(姑)에 닿으면 신랑이 들어설 때 신부의 모친이 잠시 피하고、 신부가 들어설 때 신랑의 모친이 잠시 피하면 된다。

당(堂)은 안방、주(廚)는 허청、조(竈)는 부엌、제(第)는 처마안의 모든 곳이니 모든 사람들이 이러한 곳에서 밖으로 나와 잠시 피하면 된다。단 현재는 예식장에서 혼례식을 올리므로 참작하기 바란다。

大月→

고(姑)	당(堂)	옹(翁)
부(夫)		제(第)
주(廚)	부(婦)	조(竈)

↑小月

달이 크면(大月 ㅣ 三十日) 夫자에 一日을 붙여 시계방향으로 혼인 날자까지 돌려 짚고 달이 작으면(小月 ㅣ 二十九日) 婦자에 一日을 붙여 혼인 날자까지 돌려 짚는다。

혼인일 \ 구분	大月(三十日)	小月(二十九日)
一 九 十七 二十五	夫	婦
二 十 十八 二十六	姑	竈
三 十一 十九 二十七	堂	第
四 十二 二十 二十八	翁	翁
五 十三 二十一 二十九	第	堂
六 十四 二十二 三十	竈	姑
七 十五 二十三	婦	夫
八 十六 二十四	廚	廚

⑥ 약혼에 좋은 날

아래 일진이나 길신에 약혼하거나 사주(四柱) 또는 채단을 보내면 길하다。

乙丑 丙寅 丁卯 辛未 戊寅 己卯 庚辰 丙戌 戊子 己丑 庚寅 辛卯 壬辰 癸巳 乙未 戊戌 辛丑 壬寅 癸卯 甲辰 丙午 丁未 庚戌 壬子 癸丑 甲寅 乙卯 丙辰 丁巳 戊午 己未日과

황도 삼합 육합 오합 천덕 월덕 천월덕합 월은 천의 정·성·개일

(3) 생활택일(生活擇日)

제사(祭祀)와 고사(告祀)·기도(祈禱)

제사및 고사 그리고 기도 드리는데 좋은 날과 꺼리는 날은 아래와 같다。

○길일(吉日)

壬申 乙亥 丙子 丁丑 壬午 癸未 丁亥 己丑 辛卯 壬辰 甲午 乙未 丁酉 甲辰 戊申 壬子 乙卯 丙戌 戊午 壬戌 癸亥日 및 황도・천은・천사 천덕 월덕・천월덕합일 모창・월재・생기 복덕 천의일(이상의 길신은 「신살정국」을 참고하라。)

○꺼리는 날

천구일(天狗日) 및 천구하식시(天狗下食時 ― 子日亥時・丑日子時・寅日丑時・卯日寅時・辰日卯時・巳日辰時・午日巳時・未日午時・申日未時・酉日申時・戌日酉時・亥日戌時)、五日 十四日 二十三日、천적・수사・복단일 화해 절명일

(복단일은 혼인문에 기록되어 있고 기타는 신살정국을 참고하라。)

〔참 고〕

이하 모든 길신과 흉신 등은 아래 기록하는 신살정국(神殺定局)을 참고 하면 된다。

① 여 행(旅 行)

좋은 날=甲子 乙丑 丙寅 丁卯 戊辰 庚午 辛未 甲戌 乙亥 丁丑 己卯 甲申 丙戌 己丑 庚寅 辛卯 甲午 乙未 庚子 辛丑 壬寅 癸卯 丙午 丁未 己酉 壬子 癸丑 甲寅 乙卯 庚申 辛酉 壬戌 癸亥日과 역마 월재 천월덕 생기 사상 건・만・성・개일

꺼리는 날=巳日 왕망・귀기・천적・수사・복단 위일(危日) 월기일

② 이 사(移 徙)

좋은 날=甲子 乙丑 丙寅 丁卯 己巳 庚午 辛未 甲戌 乙亥 丁丑 癸未 甲申 庚寅

壬辰 乙未 庚子 壬寅 癸卯 丙午 丁未 庚戌 癸丑 甲寅 乙卯 庚申 辛酉日 및 천덕 월덕 천월덕합 천은 황도 모창 역마 월은 사상 만·성·개일

꺼리는 날 ‖ 복단·천적·수사·귀기·왕망·본명(本命—甲子生이 甲子日)·건·파·평·수일

손(太白殺) 보는 법 ‖ 一·二日은 東、三·四日은 南、五·六日은 西、七·八日은 北、九·十日은 없음。

○이사방위법

천록방(天祿方)은 관직에 길하고、안손방(眼損方)은 눈병과 손재가 있고、식신방(食神方)은 재산이 늘고、증파방(甑破方)은 손재와 가정풍파가 일어나고、오귀방(五鬼方)은 질병과 우환 횡액이 생기고、합식방(合食方)은 사업이 번창하고、진귀방(進鬼方)은 괴변과 우환이 발생하고 관인방(官印方)은 관록이 오르거나 관직을 얻게 되고、퇴식방(退食方)은 재물이 나가고 사업이 안된다。

아래는 이사방위를 쉽게 보는 표이니 남녀 구분하여 연령을 찾아 참고하라。

남자의 연령	正東	東南	正南	西南	中央	正西	西北	正北	東北	여자의 연령
9 18 27 36 45 54 63 72 81	퇴식	천록	합식	관인	안손	증파	식신	진귀	오귀	10 19 28 37 46 55 64 73 1
8 17 26 35 44 53 62 71 80	관인	퇴식	오귀	진귀	천록	식신	안손	합식	증파	9 18 27 36 45 54 63 72 81
7 16 25 34 43 52 61 70 79	진귀	관인	증파	합식	퇴식	안손	천록	오귀	식신	8 17 26 35 44 53 62 71 80
6 15 24 33 42 51 60 69 78	합식	진귀	식신	오귀	관인	천록	퇴식	증파	안손	7 16 25 34 43 52 61 70 79

5 14 23 32 41 50 59 68 77	오귀	합식	안손	증파	진귀	퇴식	관인	식신	천록	6 15 24 33 42 51 60 69 78
4 13 22 31 40 49 58 67 76	증파	오귀	천록	식신	합식	관인	진귀	안손	퇴식	5 14 23 32 41 50 59 68 77
3 12 21 30 39 48 57 66 75	식신	증파	퇴식	안손	오귀	진귀	합식	천록	관인	4 13 22 31 40 49 58 67 76
2 11 20 29 38 47 56 65 74	안손	식신	관인	천록	증파	합식	오귀	퇴식	진귀	3 12 21 30 39 48 57 66 75
1 10 19 28 37 46 55 64 73	천록	안손	진귀	퇴식	식신	오귀	증파	관인	합식	2 11 20 29 38 47 56 65 74

③ 연 회(宴 會)

회갑(回甲)·칠순(七旬)·팔순(八旬)·진갑(進甲) 및 기타의 경사에 날을 받아 손님들을 초대하여 잔치를 베풀고 주식(酒食)을 접대하는 행사를 말한다。

좋은 날 ‖ 주인공의 생기·복덕 천의일、천덕·월덕 천월덕합、三合·五合、천은·월은·정(定)·성(成)·만(滿)·개일(開日) 또는 甲子 乙丑 丙寅 丁卯 戊辰 己卯 庚辰 辛巳 壬午 癸未 己酉 庚戌 辛亥·壬子 癸丑日

꺼리는 날 ‖ 酉日、五日、十四日 二十三日、천적·수사 파일 수일 폐일 상삭(上朔 — 甲年癸亥 乙年乙巳 丙年乙亥 丁年辛巳 戊年丁亥 己年癸巳 庚年己亥 辛年乙巳 壬年 辛亥 癸年丁巳日)

④ 개업일(開業日)

좋은 날 ‖ 甲子 乙丑 丙寅 己巳 庚午 辛未 甲戌 乙亥 丙子 己卯 壬午 癸未 甲申 庚寅 辛卯 乙未 己亥 庚子 癸卯 丙午 壬子 甲寅 乙卯 己未 庚申 辛酉日 및 천덕 월덕·천은·월은·월재·역마·삼합·오합·육합·정(定)·만(滿)·성(成)·개일(開日)

꺼리는 날 ‖ 천적·복단 월파·폐일·대소모(大小耗 — 春:乙未·壬子日、夏:丙戌·乙卯日、

秋：辛丑・戊午日、冬：壬辰・辛酉日) 또는 春에 己酉日、夏에 甲子日、秋에 辛卯日、冬에 壬辰日

八、기조문(起造門)

(1) 성조운(成造運)

성조운이란 어느 나이에 집을 지면 좋고 나쁘며、어느 해에 어떤 좌향(坐向)을 놓으면 좋으며、또는 어느 생(生)이 어느 해에 집을 짓는 운이 맞는가 등을 보는 법이다。

① 나이로 운을 본다。

연령 一세를 곤궁(坤宮)에 붙여 八方을 순서로 배치하되 단 五세와 五十세는 中宮에 넣고 다음 순서로 나이 닿는 곳이 감(坎)・이(離)・진(震)・태(兌)에 들면 성조 대길하고 중궁(中宮－蚕四角)이나 간궁(艮宮－自四角)에 들면 대흉하며 건궁(乾宮)에 들면 부모사각(父母四角)이니 부모가 안계시면 집을 지어도 무방하고、곤궁(坤宮)에 들면 처자사각(妻子四角)이니 처자에게 흉하고(처자가 없으면 무방) 손궁(巽宮)에 들면 우마사각(牛馬四角)이니 이 나이에 축사(畜舍)를 짓지 아니한다。

坤	離	兌	中	乾	坎
妻子四角	(吉)	(吉)	蚕四角凶	父母四角	(吉)
1	9	2	5	3	4
10	18	11	15	12	13
19	27	20	25	21	22
28	36	29	35	30	31
37	44	38	45	39	40
46	54	47	50	48	49
56	63	57	55	58	59
64		66	65	67	68
			75		

巽	牛馬四角	8 17 26 34 43 53 62
震	(吉)	7 16 24 33 42 52 61 70
艮	自四角凶	6 14 23 32 41 51 60 69

② 생(生)으로 운을 본다。

亥子生 — 甲己丁壬戊癸年吉、丑寅年 — 丙辛丁壬戊癸年吉、卯辰生 — 乙庚丙辛丁壬年吉、
巳午生 — 甲己乙庚丙辛年吉、未申生 — 甲己乙庚戊癸年吉、酉戌生 — 甲己乙庚戊癸年吉

③ 좌향(坐向)으로 운을 본다。

子午卯酉年 — 辰戌丑未乙辛丁癸坐向吉
辰戌丑未年 — 寅申巳亥艮坤乾巽坐向吉
寅申巳亥年 — 子午卯酉壬丙庚甲坐向吉
艮寅乙辰丙午坤申辛戌壬子坐向 — 子寅辰午申戌 年月日時吉
甲卯巽巳丁未庚酉乾亥癸丑坐向 — 丑卯巳未酉亥 — 年月日時吉

④ 수조길년(修造吉年)

이는 나이와 좌향에 관계없이 (물론 右의 성조운을 맞춘다) 집 짓고 수리하는데 좋은 해다。

乙丑 戊辰 庚午 丙戌 己丑 庚寅 辛卯 癸巳 乙酉 乙未 戊戌 庚子 乙卯 丙辰 己未
庚申 辛酉 癸亥年吉

⑤날자 가리는 법

집 짓고 수리하고 흙 붙이는 등의 일에 좋은 날은 아래와 같다。

甲子 乙丑 丙寅 己巳 庚午 辛未 癸酉 甲戌 乙亥 丙子 丁丑 癸未 甲申 丙戌 庚寅 壬辰 乙未 丁酉 庚子 壬寅 癸卯 丙午 丁未 癸丑 甲寅 丙寅 己未日 및 대공망일(大空亡日 — 乙丑 甲戌 乙亥 癸未 甲申 乙酉 壬辰 癸巳 甲午 壬寅 癸卯 壬子日)황도、월공、천월덕、천은 사상 생기 옥우 금당、천롱、지아일

꺼리는 날 ‖ 천적 토온 토기 토금 토부 지랑 전살 건(建)、파(破) 수일(収日) 빙소와해(氷消瓦解) 천화일(天火日) 월파일(月破日)

⑥수리하거나 달아내는데 어느 방위를 손대지 못하는가

대장군방(大將軍方)、삼살방(三殺方)、태세방(太歲方)、세파방(歲破方)、신황(身皇)、정명방(定明方)

이상의 살방(殺方)은 아래와 같다。

○대장군、삼살、태세、세파방

구분 \ 연지	대장군방
子	酉
丑	酉
寅	子
卯	子
辰	子
巳	卯
午	卯
未	卯
申	午
酉	午
戌	午
亥	酉

삼살방	태세방	세파방
巳午未	子	午
寅卯辰	丑	未
亥子丑	寅	申
申酉戌	卯	酉
巳午未	辰	戌
寅卯辰	巳	亥
亥子丑	午	子
申酉戌	未	丑
巳午未	申	寅
寅卯辰	酉	卯
亥子丑	戌	辰
申酉戌	亥	巳

가령 태세가 子年이라면 酉方이 대장군방、巳午未가 삼살방、子方이 태세、午方이 세파방이니 酉、巳午未子午方을 손대지 못한다。

⊙신황(身皇)、정명살(定明殺)

三元	구분	남녀 \ 연령	1· 10 19 28 37 46 55 64 73	2 11 20 29 38 47 56 65 74	3 12 21 30 39 48 57 66 75	4 13 22 31 40 49 58 67 76
上元	身皇	남	艮	離	坎	坤
		여	中	巽	震	坤
	定明	남	坤	坎	離	艮
		여	中	乾	兌	艮
中元	身皇	남	中	乾	兌	艮
		여	艮	兌	乾	中
	定明	남	中	巽	震	坤
		여	坤	震	巽	中
下元	身皇	남	坤	震	巽	中
		여	坤	坎	離	艮
	定明	남	艮	兌	乾	中
		여	艮	離	坎	坤

5 14 23 32 41 50 59 68 77	震	坎	兌	離	離	巽	次	乾	乾	兌	巽	震
6 15 24 33 42 51 60 69 78	巽	離	乾	坎	坎	震	離	兌	兌	乾	震	巽
7 16 25 34 43 52 61 70 79	中	艮	中	坤	坤	坤	艮	艮	艮	中	坤	中
8 17 26 35 44 53 62 71 80	乾	兌	巽	震	震	坎	兌	離	離	巽	坎	乾
9 18 27 36 45 54 63 72 81	兌	乾	震	巽	巽	離	乾	坎	坎	震	離	兌

가령 中元 남자 一세 十세 十九세 등은 中이 신황、정명이오、여자라면 艮方이 신황、곤방이 정명살이다。

○上元＝一八六四年～一九二三年사이 출생한 者
○中元＝一九二四年～一九八三年사이 출생한 者
○下元＝一九八四年 이후 출생한 자

九、택일신살정국(擇日神殺定局)

황도(黃道)、천은(天恩)、대명(大明)、천사(天赦)、모창상길일(母倉上吉日)、천롱(天聾)、지아일(地啞日)과 복단일(伏斷日)、월기일(月忌日)은 위 혼인문(婚姻門)에서 참고할 것이며 기타는 아래에 수록한다。

① 세신정국(歲神定局)

세신(歲神)이란 태세(太歲)를 기준한 길흉신이니 아래와 같다。

凶神							吉神					구분
喪상門문	向향殺살	坐좌殺살	歲세殺살	災재殺살	劫겁殺살	大대將장軍군	驛역馬마	月월德덕合합	歲세月월德덕	天천德덕合합	歲세天천德덕	歲支
寅	癸壬	丁丙	未	午	巳	酉	寅	丁	壬	申	巽	子
卯	辛寅	乙甲	辰	卯	寅	酉	亥	乙	庚	乙	庚	丑
辰	丁丙	癸壬	丑	子	亥	子	申	辛	丙	壬	丁	寅
巳	乙甲	辛庚	戌	酉	申	子	巳	己	甲	巳	坤	卯
午	癸壬	丁丙	未	午	巳	子	寅	丁	壬	丁	壬	辰
未	辛庚	乙甲	辰	卯	寅	卯	亥	乙	庚	丙	辛	巳
申	丁丙	癸壬	丑	子	亥	卯	申	辛	丙	寅	乾	午
酉	乙甲	辛庚	戌	酉	申	卯	巳	己	甲	己	甲	未
戌	癸壬	丁丙	未	午	巳	午	寅	丁	壬	戊	癸	申
亥	辛庚	乙甲	辰	卯	寅	午	亥	乙	庚	亥	艮	酉
子	丁丙	癸壬	丑	子	亥	午	申	辛	丙	辛	丙	戌
丑	乙甲	辛庚	戌	酉	申	酉	巳	己	甲	庚	乙	亥
여행 이사 및 상청설치를 꺼림	묘나 가옥의 向을 놓지 아니함	墓나 가옥의 坐를 놓지 아니함	右 同(三殺)	右 同(三殺)	양택 음택에 모두 꺼림 (三殺)	흙 다루고 집 고치는 일을 꺼림	出行、이사、상업 및 매사에길	양택 음택에 모두 길함	우 동	우 동	백사에 대길	비고

	吊客 조객	歲破 세파
	戌	午
	亥	未
	子	申
	丑	酉
	寅	戌
	卯	亥
	辰	子
	巳	丑
	午	寅
	未	卯
	申	辰
	酉	巳
	右同	가옥수리 및 묘의 坐 놓는 것을 꺼림

②월가길신(月家吉神)

월가길신이란 月을 기준하여 정해지는 길신(吉神)인데 아래와 같다.

구분 / 月別	天德 천덕	天德合 천덕합	月德 월덕	月德合 월덕합	月空 월공	月恩 월은	月財 월재
正	丁	壬	丙	辛	壬	丙	九
二	申	巳	甲	己	庚	丁	三
三	壬	丁	壬	丁	丙	庚	四
四	辛	丙	庚	乙	甲	己	二
五	亥	寅	丙	辛	壬	戊	七
六	甲	己	甲	己	庚	辛	六
七	癸	戊	壬	丁	丙	壬	九
八	寅	亥	庚	乙	甲	癸	三
九	丙	辛	丙	辛	壬	庚	四
十	乙	庚	甲	己	庚	乙	二
十一	巳	申	壬	丁	丙	申	七
十二	庚	乙	庚	乙	甲	辛	六
비고	造葬 및 上官百事에 다 형통	이 방위에 집 수리하면 만복이 이름	천덕과 동일	월덕과 동일	집 고치고、벼슬 구하는 일에 길함	진정서、소장、민원서 제출에 좋음	이사、안장에 사용하면 재물이 따름

六육 合합	三삼 合합	要요 安안 日일	天천 赦사 神신	驛역 馬마	續속 世세	益익 後후	金금 堂당	五오 富부	解해 神신	天천 醫의	生생 氣기
亥	戌午	寅	戌	申	丑	子	辰	亥	申	丑	戌
戌	亥未	申	丑	巳	未	午	戌	寅	申	寅	亥
酉	子申	卯	辰	寅	寅	丑	巳	巳	戌	卯	子
申	丑酉	酉	未	亥	申	未	亥	申	戌	辰	丑
未	寅戌	辰	戌	申	卯	寅	午	亥	子	巳	寅
午	卯亥	戌	丑	巳	酉	申	子	寅	子	午	卯
巳	辰子	巳	辰	寅	辰	卯	未	巳	寅	未	辰
辰	巳丑	亥	未	亥	戌	酉	丑	申	寅	申	巳
卯	午寅	午	戌	申	巳	辰	申	亥	辰	酉	午
寅	未卯	子	丑	巳	亥	戌	寅	寅	辰	戌	未
丑	申辰	丑	辰	寅	午	巳	酉	巳	午	亥	申
子	酉巳	未	未	亥	子	亥	卯	申	午	子	酉
우 동	약혼 계약 면회 등에 길함	제사 기복 및 가옥 건축 등에 길함	모든 죄를 사하여 줌	출행 행선 이사 사업 등에 길함	右 同	의 자녀를 세우거나 양자 정하는데 길	집터 닦고 수리하고、안택고사에 길함	집 짓고 수리하고 안장하는데 길함	모든 흉살을 해제시켜 준다。	병 고치고 침 맞고 치료하는데 대길	만사에 길、天喜라고도 한다。

③ 월가흉신(月家凶神)

달에 의한 흉신정국(凶神定局)은 아래와 같다。

구분 \ 月別	正	二	三	四	五	六	七	八	九	十	十一	十二	비고
天천 罡강	巳	子	未	寅	酉	辰	亥	午	丑	申	卯	戌	매사흉이나 황도 일이면 무방함
河하 魁괴	亥	午	丑	申	卯	戌	巳	子	未	寅	酉	辰	우와 같음
地지 破파	亥	子	丑	寅	卯	辰	巳	午	未	申	酉	戌	흙 다루고 광중짓는 것을 꺼림
羅라 網망	子	申	巳	辰	戌	亥	丑	申	未	子	巳	辰	혼인、출행、소송、취임 등에 불리
滅멸 沒몰	丑	子	亥	戌	酉	申	未	午	巳	辰	卯	寅	농사재배、혼인、여행등에 불리함
重중 喪상	甲	乙	己	丙	丁	己	庚	辛	己	壬	癸	己	사람 죽어 장사지내는 모든 일을 꺼림
天천 狗구	子	丑	寅	卯	辰	巳	午	未	申	酉	戌	亥	제사·고사 등에 불길
往왕 亡망	寅	巳	申	亥	卯	午	酉	子	辰	未	戌	丑	출행、행선、취임 등에 불길
天천 賊적	辰	酉	寅	未	子	巳	戌	卯	申	丑	午	亥	백사에 불리함
受수 死사	戌	辰	亥	巳	子	午	丑	未	寅	申	卯	酉	고기잡고 사냥에만 길하고 그외는 불길

血혈 忌기	土토 禁금	土토 忌기	土토 瘟온	陽양 錯착	陰음 差차	地지 囊랑 日일		滅멸 亡망	歸귀 忌기	瘟온 瘟황 殺살	紅홍 紗사	披피 麻마
丑	亥	寅	辰	甲寅	庚戌	庚子	庚午	丑	丑	未	酉	子
未	亥	巳	巳	乙卯	辛酉	癸丑	癸未	辰	寅	戌	巳	酉
寅	亥	申	午	甲辰	庚申	甲子	甲寅	未	子	辰	丑	午
申	寅	亥	未	丁巳	丁未	己丑	己卯	戌	丑	寅	酉	卯
卯	寅	卯	申	丙午	丙午	戊午	戊辰	丑	寅	午	巳	子
酉	寅	午	酉	丁未	丁巳	癸巳	癸未	辰	子	子	丑	酉
辰	巳	酉	戌	庚申	甲辰	丙寅	丙寅	未	丑	酉	酉	午
戌	巳	子	亥	辛酉	乙卯	丁巳	丁卯	戌	寅	申	巳	卯
巳	巳	辰	子	庚戌	甲寅	戊子	戊辰	丑	子	巳	丑	子
亥	申	未	丑	癸亥	癸丑	庚戌	庚子	辰	丑	亥	酉	酉
午	申	戌	寅	壬子	壬子	辛酉	辛未	未	寅	丑	巳	午
子	申	丑	卯	癸丑	癸亥	乙未	乙酉	戌	子	卯	丑	卯
수술하고、피 흘리는 일 등을 꺼림	우와 같음	우와 같음	흙 다루는 일을 꺼림	음차와 동일	혼인、건축 및 장사지내는 일을 꺼림	흙 다루고 우물파고 연못 파는 일 등을 꺼림		개업・건축등에 불리	여행・이사・사람들이는 것을 꺼림	집 짓고 문병하고 병 치료하는데 불길	혼인에 흉함	혼인 이사에 불길

血支 혈지	山隔 산격	地隔 지격	天隔 천격	水隔 수격	天火 천화	獨火 독화	遊火 유화	長星 장성	短星 단성	月破 월파	月殺 월살
丑	未	辰	寅	戌	子	巳	巳	七	廿一	申	丑
寅	巳	寅	子	申	卯	辰	寅	四	十九	酉	戌
卯	卯	子	戌	午	午	卯	亥	六	十六	戌	未
辰	丑	戌	申	辰	酉	寅	申	九	廿五	亥	辰
巳	亥	申	午	寅	子	丑	巳	十五	廿五	子	丑
午	酉	午	辰	子	卯	子	寅	十	廿一	丑	戌
未	未	辰	寅	戌	午	亥	亥	八	廿二	寅	未
申	巳	寅	子	申	酉	戌	申	二	十八 十九	卯	辰
酉	卯	子	戌	午	子	酉	巳	四	十六 十七	辰	丑
戌	丑	戌	申	辰	卯	申	寅	三	十四	巳	戌
亥	亥	申	午	寅	午	未	亥	十七	廿三	午	未
子	酉	午	辰	子	酉	午	申	九	廿五	未	辰
혈기일과 동일함	산에 들어 사냥하고 나무 베는 것을 꺼림	흙 다루고、씨앗 심고、광중 파는 것을 꺼림	출행하고、관직 구하는데 불리함	배 타거나 물 건느는 것을 꺼림	부억 고치고、상량하고 지붕덮는 것忌	상량、개옥을 꺼림	약 달여 먹고 침구등에 꺼림	매사에 불리	혼인 취임、구직등에 꺼린다。	오직 파옥하는데 좋고 그 외는 모두흉함	혼인、기둥세우고 상량을 올리는데 꺼림

月월厭염	厭염對대	飛비廉염殺살	氷빙消소瓦와解해
戌	辰	戌	巳
酉	卯	巳	子
申	寅	午	丑
未	丑	未	申
午	子	寅	卯
巳	亥	卯	戌
辰	戌	辰	亥
卯	酉	亥	午
寅	申	子	未
丑	未	丑	寅
子	午	申	酉
亥	巳	酉	辰
출행、혼인을 꺼림	혼인식을 꺼림	가축을 들이거나 축사 짓는데 꺼림	이사、가옥 건축 등에 꺼린다。

④ 사시길신(四時吉神)

구분 / 四時	天천貴귀	四사相상	時시德덕	旺왕日일
春	乙甲	丁丙	午	寅
夏	丁丙	己戊	辰	巳
秋	辛庚	癸壬	子	申
冬	癸壬	乙甲	寅	亥

구분 / 四時	相상日일	守수日일	官관日일	民민日일
春	巳	辰	卯	午
夏	申	未	午	酉
秋	亥	戌	酉	子
冬	寅	丑	子	卯

⑤사시흉신(四時凶神)

구분 \ 四時	春	夏	秋	冬
正四廢 (정사폐)	庚申 辛酉	壬子 癸亥	甲寅 乙卯	丙午 丁巳
傍四廢 (방사폐)	庚申 辛酉	壬子 癸亥	甲寅 乙卯	丙午 丁巳
四時大耗 (사시대모)	乙未	丙戌	辛丑	壬辰
四時小耗 (사시소모)	壬子	乙卯	戊午	辛酉

구분 \ 四時	春	夏	秋	冬
天地轉殺 (천지전살)	卯	午	酉	子
天轉地轉 (천전지전)	乙卯 辛卯	丙午 戊午	辛酉 癸酉	壬子 丙子
劍鋒殺 (검봉살)	酉	子	卯	午
四虛敗 (사허패)	己酉	甲子	辛卯	庚午

○사 리(四離)

춘분、하지、추분、동지 전날(前日)

○사 절(四絶)

입춘、입하、입추、입동 전일(前日)

⑥천상천하대공망일(天上天下大空亡日)

乙丑 甲戌 乙亥 癸未 甲申 乙酉 壬辰 癸巳 甲午 壬寅 癸卯 壬子

⑦ 기왕망일 (氣往亡日)

이 날은 백사에 불리라 한다。

입춘후 七日、경칩후 十四日、청명후 二十一日、입하후 八日、망종후 十六日、소서후 二十四日。

입추후 九日、백로후 十八日、한로후 二十七日、입동후 十日、대설후 二十日、소한후 三十日。

⑧ 백기일 (百忌日)

甲不開倉 ‖ 甲日에는 창고를 열어 재곡(財穀)을 출납하지 않는다。

乙不栽植 ‖ 乙日에는 나무를 심거나 묘목을 옮겨 심지 아니한다。

丙不修竈 ‖ 丙日에는 부뜨막을 고치지 아니한다。

丁不剃頭 ‖ 丁日에는 머리를 자르거나 이미용(理美容)을 아니한다。

戊不受田 ‖ 戊日에는 토지를 상속받거나 매입하지 않는다。

己不破卷 ‖ 己日에는 문서나 책 따위를 불태우거나 찢지 아니한다。

庚不經絡 ‖ 庚日에는 침(鍼)을 맞거나 뜸을 뜨거나 주사를 맞지 않는다。

辛不造醬 ‖ 辛日에는 간장 고추장 등을 담그지 아니한다。

壬不決水 ‖ 壬日에는 물길을 막지 아니한다。

癸不詞訟 ‖ 癸日에는 소장(訴狀)을 내지 아니한다。

子不問卜 ‖ 子日에는 점(占)을 묻지 아니한다。

丑不冠帶 ‖ 丑日에는 관례(冠禮)를 행하지 않는다。

寅不祭祀 ‖ 寅日에는 기일제(忌日祭) 이외는 제사나 고사를 지내지 않는다。

卯不穿井 ‖ 卯日에는 우물을 파지 아니한다。

辰不哭泣 ＝ 辰日에는 졸곡(卒哭) 전이라도 곡(哭)소리를 내지 않는다。

巳不遠行 ＝ 巳日에는 먼 길 출행을 아니한다。

午不苫蓋 ＝ 午日에는 지붕을 덮지 아니한다。

未不服藥 ＝ 未日에는 약을 달여먹지 아니한다。

申不安床 ＝ 申日에는 침상(寢床)을 설치하지 않는다。

酉不會客 ＝ 酉日에는 빈객을 초대하여 회합하거나 음식대접을 아니한다。

戌不乞狗 ＝ 戌日에는 개를 들이지 아니한다。

亥不嫁娶 ＝ 亥日에는 혼례식을 올리지 아니한다。

■ 편 저 ■
전 원 석
· 대한가정사랑·실천연구회(전 회장)

관혼상제 및 일반상식 총집

元祖 가정생활보감전서　정가 20,000원

2014年 4月 20日 인쇄
2014年 4月 25日 발행

편 저 : 전 원 석
발행인 : 김 현 호
발행처 : 법문 북스
〈한림원 판〉
공급처 : 법률미디어

152-050
서울 구로구 경인로 54길 4
TEL : (대표) 2636-2911, FAX : 2636~3012
등록 : 1979년 8월 27일 제5-22호
Home : www.lawb.co.kr

▮ISBN 978-89-7535-277-5 03190
▮파본은 교환해 드립니다.